T0278613

TRABAJA
TUS
SOMBRAS

Tu diario de *Shadow Work*

Traducción de Pablo Romero Alegría

edaf

Título original: *Le Shadow Work. Le journal qui éclaire tes parts d'ombre,* por Isabelle Cerf

© 2024. Del texto: Good Mood Dealer, por Exergue / Le Courrier du Livre, 27, Rue des Grands Agustins, 75006, Paris, France, una división del Grupo Guy Trédaniel

© 2024. De la traducción: Pablo Romero Alegría

© 2024. De esta edición: Editorial Edaf, S.L.U., por acuerdo con Good Mood Dealer, por Exergue, del grupo Guy Trédaniel, representados por Cristina Prepelita Chiarisini, Literary Agent, 36 rue Clei, 75007 París

De la cubierta: Diseño y Control Gráfico, S. L., adaptada de la original

Del diseño interior: Diseño y Control Gráfico, adaptado del francés

Editorial Edaf, S.L.U.
Jorge Juan, 68
28009 Madrid, España
Teléf.: (34) 91 435 82 60
www.edaf.net edaf@edaf.net

Ediciones Algaba, S.A. de C.V.
Calle 21, Poniente 3323 - Entre la 33 sur y la 35 sur
Colonia Belisario Domínguez
Puebla 72180, México
Telf.: 52 22 22 11 13 87
jaime.breton@edaf.com.mx

Edaf del Plata, S.A.
Chile 2222
Buenos Aires – Argentina
edafdelplata@gmail.com
fernando.barredo@edaf.com.mx
Teléf.: +54 11 4308-5222 / +54 9 11 6784-9516

Edaf Chile S.A.
Huérfanos 1179 – Oficina 501
Santiago – Chile
comercialedafchile@edafchile.cl
Teléf.: +56 9 4468 0539/+56 9 4468 0537

Abril de 2024

ISBN: 978-84-414-4307-5
Depósito legal: M-7585-2024

PRINTED IN SPAIN   IMPRESO EN ESPAÑA

COFÁS

Papel 100 % procedente de bosques gestionados de acuerdo con criterios de sostenibilidad.

ÍNDICE

INTRODUCCIÓN

El desarrollo personal y la espiritualidad me han fascinado desde siempre. Su enorme variedad de herramientas y conceptos nos permiten sacar a la luz a nuestro yo interior, comprendernos mejor y trazar un camino propio. Sin embargo, en este ánimo de renovación, y especialmente al recurrir a ciertos instrumentos del ámbito espiritual, podemos caer en una espiritualidad superficial, pero reconfortante, que nos lleve a buscar esa herramienta o protocolo milagroso que nos libere de todos nuestros males sin que tengamos que poner nada de nuestra parte.

Sin embargo, al querer ser o sentirnos mejores, acabamos creando un falso yo: un personaje que resplandecerá a ojos de los demás, pero que en el fondo no tendrá nada que ver con lo que realmente somos. Nos acabamos distanciando así de nuestro propio ser en una sucesión de compromisos sin salida.

Por eso es tan importante anclar nuestra espiritualidad y nuestro trabajo de desarrollo personal, utilizar conceptos y herramientas espirituales y terapéuticas como vías de reflexión que nos ayuden a recuperar nuestro propio poder, por y para nosotros. Y no por arte de magia.

Para vivir plenamente en armonía con nuestro ser, es imprescindible que nos miremos tal y como somos, en toda nuestra complejidad e imperfección. Es importante también que nos demos cuenta de la existencia de nuestro lado de luz y nuestro lado de sombra, y mantener una actitud honesta hacia nuestro interior.

Y, para ello, el primer paso es detener esa persecución permanente hacia la mejor versión de uno mismo. Porque esta es una búsqueda que no dará ningún fruto y consumirá toda nuestra energía vital.

Al intentar ser mejores, nos agotamos y sentimos que siempre hacemos las cosas mal.

Con este libro, te propongo que mires, aceptes, comprendas y ames tus partes más oscuras, porque este es el viaje más hermoso que puedes hacer hacia tu interior.

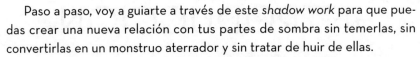

Paso a paso, voy a guiarte a través de este *shadow work* para que puedas crear una nueva relación con tus partes de sombra sin temerlas, sin convertirlas en un monstruo aterrador y sin tratar de huir de ellas.

Recorre este libro respetando tus recursos y tus límites.

A tu ritmo.

Te deseo un maravilloso encuentro con tu interior. Vas a conocer a alguien increíble. Nada menos que a ti.

EL *SHADOW WORK*

¿QUÉ ES EL *SHADOW WORK*?

El *shadow work*, término inglés que literalmente significa «trabajo con las sombras», es el acto de mirar, comprender y aceptar todo lo que uno considera negativo de su persona.

No somos únicamente amor y luz. En realidad, somos mucho más complejos.

Practicar el *shadow work* implica descubrir todas las partes de tu ser y apreciarlas por lo que son. Significa dejar de huir de nosotros y tomarnos una pausa para enfrentarnos a nuestra realidad. Es tomar conciencia de que tratar de liberar, borrar o rechazar todo lo negativo que hay en nosotros es imposible, y que esa actitud nos desvía del camino hacia la felicidad.

Porque la felicidad se halla en el equilibrio interior. Este es el principio del yin y el yang, una de las piedras angulares del taoísmo: reconciliar dos fuerzas opuestas que son esenciales entre sí para establecer el equilibrio. A fin de favorecer nuestro bienestar, tenemos que mirar hacia nuestro lado oscuro y trabajar en él.

Tenemos que hacer este trabajo con las sombras, este *shadow work*.

Carl Jung, eminente psicoanalista suizo, acuñó el concepto de *shadow work*. Según Jung, nuestra psique se compone de varios arquetipos y aspectos, algunos de los cuales a menudo se olvidan o se reprimen en el inconsciente. El *shadow work* consiste en la exploración consciente de esas partes oscuras o menos conocidas de uno mismo. Jung creía que esta confrontación con el *shadow*, o sombra, era crucial para el crecimiento psicológico y espiritual. El enfrentamiento a nuestros aspectos reprimidos, su comprensión y su integración nos abren la puerta a una mayor autenticidad y equilibrio interior. Así, el concepto de *shadow work* de Carl Jung ha influido profundamente en la psicología contemporánea al alentar al individuo a explorar las profundidades de su ser para lograr una transformación personal reveladora.

¿DE QUÉ SE COMPONE NUESTRA PARTE DE SOMBRA?

La parte de sombra de cada individuo es siempre única y diferente. Sin embargo, los elementos que la conforman siguen este modelo común:

Nuestras heridas,
nuestras emociones negativas y su influencia,
nuestros bloqueos,
nuestros patrones de relación negativos,
nuestros mecanismos de funcionamiento paralizantes.

¿CÓMO SE CREA NUESTRA PARTE DE SOMBRA?

Todas las personas viven con una parte de sombra, aunque en su creación influyen diferentes fenómenos en cada caso.

- Puede crearse durante la infancia. Las experiencias dolorosas o los traumas sufridos pueden generar cargas internas y afectar a nuestra vida cotidiana de adultos.
- También puede crearse a causa de nuestro karma familiar. Influyen en este caso los recuerdos transgeneracionales que se transmiten de padres a hijos y de los que se acaban heredando lastres que inciden negativamente en las personas de la misma familia.
- Finalmente, también puede crearse en respuesta a nuestro karma personal. Pero para comprender este concepto en toda su plenitud, se precisa de cierta sensibilidad respecto a la noción de la reencarnación: esa creencia que aboga por la idea de que nuestra alma se reencarna de vida en vida en diferentes cuerpos, con diferentes personas y en diferentes situaciones para vivir experiencias. El propósito de estas reencarnaciones es alcanzar la sabiduría del alma. Lo que pasa es que, mientras estas vidas se van sucediendo, nuestra alma puede

ir arrastrando cargas de una a otra. Obviamente, esto puede influir negativamente en nuestras acciones, nuestras reacciones, nuestras relaciones y nuestro día a día.

Sin embargo, detectar el origen de nuestras partes de sombra no es tan importante como aceptar la intervención en ellas mediante el *shadow work*.

LA INCIDENCIA DE LA PARTE DE SOMBRA EN NUESTRA VIDA COTIDIANA

Nuestra parte de sombra (es decir, nuestras heridas, nuestras emociones negativas que actúan como consejeras, nuestros bloqueos, nuestros patrones relacionales negativos y nuestros mecanismos de funcionamiento paralizantes) ocupa el lugar que le concedemos.

Sin caer en un sentimiento de culpa, es muy importante tener siempre presente la cuota de responsabilidad que recae en nosotros en el poder que la parte de sombra ejerce en nuestro día a día. Cuanto más la escuchemos como consejera, más intentaremos evitarla y más poder le estaremos dando.

Por el contrario, cuanto más la miremos, cuanto más la escuchemos como una alerta y cuanto más intentemos comprenderla, mejor equilibrio crearemos con ella.

Escuchar a tu parte de sombra como consejera le confiere una credibilidad que te impide progresar, mientras que escucharla como advertencia te da el empujón justo que necesitas pasar a la acción.

Nuestra parte de sombra ejerciendo en toda su plenitud puede:

---

bloquearnos en una zona de confort paralizante. bloquearnos en patrones relacionales disfuncionales. bloquearnos en la huida de nosotros mismos. bloquearnos en situaciones incómodas. bloquearnos en la creación de nuestra propia felicidad.

LOS BENEFICIOS SECUNDARIOS DE LA SOMBRA

Aunque podamos sentir nuestra parte de sombra como algo aterrador, en realidad nos aporta muchos beneficios secundarios. Un beneficio secundario es un efecto positivo de una situación negativa.

Cuando dejamos que la parte de sombra apague nuestra luz, podemos sentirnos reconfortados.

Sé que suena paradójico, pero voy a explicarte los motivos. Cuando estamos en la sombra, permanecemos ocultos.

No asumimos riesgos porque permanecemos inmóviles en nuestra zona de confort.

No avanzamos ni tomamos decisiones. Nos protegemos de posibles fracasos o errores (que no son errores, porque todo suma como experiencia).

Nos escondemos de los demás para no correr el riesgo de experimentar sentimientos negativos cuando entramos en contacto con ellos. Nos protegemos de posibles decepciones o del dolor posteriores a un conflicto o separación.

Nuestra parte de sombra como consejera resulta seductora, porque nos impide asumir riesgos; es tranquilizadora, porque nos aprisiona en una zona de confort. Y aunque esta puede ser incómoda, no supone una amenaza, porque nos resulta familiar.

La conocemos a la perfección. Nos sentimos en zona protegida y por eso tenemos la impresión de que tenemos todos los aspectos de nuestra vida bajo control.

¿CÓMO PODEMOS TRABAJAR NUESTRA PARTE DE SOMBRA?

Podemos caer en la tentación de recurrir a un método milagroso, rápido y eficaz para trabajar nuestro lado oscuro. Sin embargo, a largo plazo no ofrecerá los resultados esperados.

El *shadow work* requiere en efecto pasar a la acción. Precisa tiempo y compromiso con uno mismo.

Cuanto más nos centremos en nuestras verdaderas necesidades y limitaciones, más trabajaremos en nuestra parte de sombra. Cuanto más probemos, más experimentaremos y más avanzaremos. Porque el *shadow work* es cualquier cosa menos un trabajo pasivo.

Es un acicate que nos empuja a actuar en nuestra vida cotidiana, en nuestras relaciones con nosotros mismos y con los demás, en nuestras rutinas y en nuestros proyectos.

Es verdaderamente un trabajo de acción.

LAS ETAPAS DEL TRABAJO CON LAS SOMBRAS

El proceso para trabajar nuestra parte de sombra consta de varias etapas que son muy importantes.

La duración de cada una de ellas varía para cada persona. No es una carrera.

El objetivo, repito, es trabajar tus sombras en función de tus recursos y tus límites.

Mirar

Con mucha frecuencia, la primera reacción cuando hablamos de sombras es huir. Correrás entonces hasta que te falte el aire y las piernas dejen de responderte. Pero no podemos huir de nuestro ser. Aunque sea en los confines del planeta, siempre estaremos con nosotros mismos. La primera etapa del *shadow work* consiste en observar nuestra parte de sombra. Dejar de huir de ella y mirarla de frente.

Comprender

Una vez que nos hemos atrevido a mirar directamente a nuestra parte más oscura, se nos plantea la verdadera tarea de trabajar con nuestras sombras. En este paso, es necesario comprender las razones que justifican la presencia de nuestras sombras, la influencia que tienen sobre nosotros, el papel que les concedemos y el lugar que ocupa nuestro libre albedrío en todo su poder. La comprensión destapa verdaderos tesoros interiores y permite descubrir numerosas facetas de nuestro propio ser. Es fascinante y conmovedor.

Aceptar

Después de haber comprendido a nuestra parte oscura, el reto es dominar al miedo que nos empuja a huir de nuevo. Es muy importante aceptar nuestras sombras; es decir, ser conscientes de que están y estarán siempre ahí. La aceptación es fundamental, porque nos ayuda a tomarnos un respiro y encontrar nuestro propio ritmo. Nos permite mantener una actitud de honestidad y sinceridad con nuestro interior.

Amar

Ahora que hemos aceptado a nuestras sombras, hay que cuidarlas y darles amor: ya sabemos que son partes de nuestro ser que están sufriendo. Vamos a serenarlas con un amor verdadero. Prestaremos atención a nuestras verdaderas necesidades y nos preocuparemos por respetar nuestros límites. Es entonces cuando se despierta el amor y se genera el bienestar.

Actuar

Tras el amor, hay que pasar a la acción. Buscaremos medidas de gran calado y específicas que transformen nuestro día a día y que estén en consonancia con nuestra personalidad, nuestro marco de referencia, nuestras pasiones y nuestros proyectos.

LOS LÍMITES DEL TRABAJO CON LAS SOMBRAS

Es muy importante tener presente que el *shadow work* no es milagroso y tiene sus límites. Nuestros traumas pueden tener graves repercusiones en nuestra psique y provocar trastornos y patologías físicas o mentales.

Aunque nos dispongamos con nuestra mejor voluntad y pongamos todo el empeño por conseguir un equilibrio con nuestro lado más oscuro, es posible que no lo consigamos.

Si ocurre esto, no es que hayas fracasado ni que se hayan ensañado contigo los hados del destino.

Somos seres complejos y nuestros recursos son limitados, aunque podemos obtener ayuda de los profesionales de la salud, de los recursos médicos, de los fármacos, etc. Todo esto es una percepción personal, pero es importante recordarlo.

El objetivo no es hacernos sentir culpables ni creer que no hay solución a nuestro alcance.

Todo tiene sus límites, y el trabajo con las sombras tiene los suyos. Es importante tomar conciencia de ello a fin de trabajar sobre nosotros mismos respetando nuestros recursos y nuestros límites.

LAS DIEZ REGLAS DE ORO DEL TRABAJO CON LAS SOMBRAS

Estas diez reglas de oro revisten gran importancia si queremos trabajar nuestra sombra con precisión y respeto por nosotros mismos.

1. Movimiento

Todo es movimiento. Somos seres con energías que vivimos en un mundo en perpetuo movimiento. No hay nada inmóvil. Todo cambia constantemente. Es muy importante asumir esta realidad para aceptar que nuestros movimientos internos pueden ser diferentes cada día. De esta manera, podremos acoger nuestros pequeños retrocesos sin amargura y con satisfacción.

2. La condición efímera

Todo es efímero. La vida es una sucesión de ciclos. Hay principios y finales. Una vez interiorizado esto, no tendremos la sensación de estar cometiendo un error cuando algo se detenga o se apague. Este es nuestro objetivo. Porque es el ciclo de nuestra vida terrestre.

3. Acción

La acción es quien trae la liberación. No se trata de buscar una solución pasiva que lo haga todo por nosotros. Si queremos liberarnos de nuestras

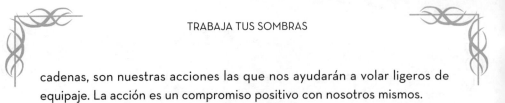
cadenas, son nuestras acciones las que nos ayudarán a volar ligeros de equipaje. La acción es un compromiso positivo con nosotros mismos.

4. Instante presente

El trabajo con las sombras no es un tótem de inmunidad para disfrutar de una vida perfecta en el futuro. Tampoco tiene por objeto que nos pasemos dando vueltas al pasado una y otra vez pensando si hicimos tal o cual. Lo que cuenta es el momento presente, la capacidad de crear un equilibrio entre el trabajo sobre nosotros mismos y las experiencias que vivimos tal y como se presentan hoy.

5. Medios

Hacemos todo lo que podemos con los recursos que tenemos. Somos seres complejos con recursos limitados. Es muy importante crear una nueva relación con nuestro lado oscuro cuando tenemos los recursos para hacerlo. También hay que buscar la forma de reconfortarse si no es así. El objetivo es llegar al máximo con los recursos de que disponemos.

6. Probar

No cometemos errores. Obviamente, esta frase requiere matices. Probamos. Es fundamental tener presente que trabajar con la parte oscura de cada uno equivale a probar. Aprendemos de nuestras experiencias para actuar después de forma diferente.

7. Ritmo

El trabajo con las sombras no es una carrera. Avanzamos hacia nosotros mismos paso a paso, a nuestro propio ritmo. Es un trabajo que lleva tiempo.

8. Compromiso

El trabajo con las sombras exige un verdadero compromiso con uno mismo. Es importante ser honestos y sinceros con nuestro propio ser. Dediquemos tiempo de forma periódica a nuestro *shadow work*. Concedamos también importancia a nuestros pensamientos y sensaciones.

9. Libre albedrío

El libre albedrío es poderoso. Nuestras sombras no son fatalidades. Forman parte de nuestro ser. Tenemos la capacidad de concederles el poder que queramos. Podemos tomar decisiones por y para nosotros mismos, para nuestro propio bienestar.

10. Adaptación

El trabajo con las sombras nos ayuda a cuidarnos, a aprender a medir nuestros recursos y a saber cuándo tomarnos un respiro cuando los hemos agotado. También nos enseña a pedir ayuda si creemos que la necesitamos. Es importante adaptar nuestras acciones a nuestras capacidades, adaptarnos a nosotros mismos.

EL *SHADOW WORK* DE LAS HERIDAS

Todos somos seres heridos. Cada persona arrastra heridas que pasan a formar parte de sus sombras.

Una herida se crea a raíz de un trauma concreto o de un sentimiento negativo tras una experiencia perturbadora o desestabilizadora.

La intensidad y las repercusiones de esta herida difieren de una persona a otra.

Una herida puede activar un recuerdo traumático en algunas personas y acabar siendo una rémora en su desarrollo (un recuerdo traumático es un trastorno de la memoria emocional; es el resultado de una o varias heridas).

El recuerdo traumático crea flashbacks, sensaciones corporales y reacciones emocionales muy fuertes y angustiosas que traen de vuelta las sensaciones dolorosas experimentadas durante el trauma. El presente y el pasado se acaban entremezclando y no somos capaces de diferenciarlos. El recuerdo traumático puede reactivarse con pensamientos, un detalle de algo cotidiano, un olor, una imagen, un nombre, etc.

Juntos, vamos a crear una nueva relación con las heridas[1], gracias al *shadow work*.

Como primer paso, te invito a responder a este cuestionario para averiguar en qué herida necesitas trabajar.

---

[1] Para saber más sobre las heridas, puedes consultar la obra de Louise Bourbeau.

CUESTIONARIO SOBRE LAS HERIDAS

Lee cada una de las frases y, si sientes que en cierta manera te identifica, anota el número que aparece al lado.

A continuación, suma la cantidad de veces que aparece cada número en tus respuestas al cuestionario y mira los resultados en la página siguiente para ver con qué guarda relación.

Así podrás luego realizar los diferentes ejercicios asociados a esa herida.

- Me resulta muy difícil confiar en los demás. ①
- Siempre me quedo en un segundo plano. ②
- No consigo sentirme bien en soledad. ③
- Siempre acabo pidiendo disculpas, aunque el error no haya sido mío. ④
- El enfado domina normalmente mi estado de humor. ⑤
- Siempre siento que quieren manipularme. ①
- No consigo pedir ayuda cuando la necesito. ②
- Soy emocionalmente dependiente. ③
- No me gusta mi cuerpo, por más que lo intente. ④
- Siempre tengo la impresión de que alrededor tengo solo enemigos. ⑤
- Siempre estoy con la guardia alta cuando estoy con otras personas, hipervigilante. ①
- Soy totalmente incapaz de gestionar los conflictos. ②
- Vivo mis relaciones siempre con el miedo a que terminen. ③
- A menudo me siento culpable sin saber los motivos. ④
- Tengo con frecuencia una sensación de asfixia cuando estoy con otras personas. ⑤
- Manipulo a los demás para protegerme a mí mismo. ①
- En cuanto una relación deja de convenirme, le pongo fin sin avisar. ②
- No puedo establecer los límites con los demás. ③
- Siempre siento que mi casa está sucia. ④
- Tengo la costumbre de juzgar a los demás gratuitamente. ⑤

⮑ Resultados ⮐

1. Herida de traición
2. Herida de rechazo
3. Herida de abandono
4. Herida de humillación
5. Herida de injusticia

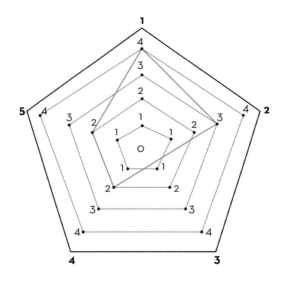

Une los números correspondientes con tus puntuaciones para obtener un espectro de tus heridas. A medida que completes tu *shadow work*, repite la prueba. Cuando vayas avanzando, tu espectro debería reducirse.

EL *SHADOW WORK* Y LA HERIDA DE LA TRAICIÓN

La sombra de la traición aparece cuando se ha roto la confianza, cuando las personas cercanas no han cumplido sus promesas. Esta sombra puede ser kármica o haberse creado en la primera infancia.

Cuando la sombra de la traición está presente, puede resultarte muy difícil confiar en los demás, te recome la sospecha y manipulas a otros para protegerte de sus futuras traiciones. Es posible que siempre estés esperando una posible decepción o que se rompan las ilusiones depositadas.

También puedes ser intransigente y tener grandes dificultades para aceptar la imperfección de los demás.

Puedes transmitir una imagen de frialdad y rigidez que no se corresponde con la realidad. Simplemente, tratas de protegerte de un posible sufrimiento.

Los ánimos de tu guía

Cuentas con el apoyo de tu guía para este trabajo con las sombras (tu guía puede ser tu alma, tu ángel de la guarda, tu animal tótem, etc., dependiendo de tus creencias).

Concéntrate en tu guía y deja que te venga un número entre 1 y 5. Lee el mensaje asociado. Es una ayuda para tu trabajo con las sombras.

1. Lo tienes todo para conseguir grandes objetivos. Sientes que tienes pocas posibilidades de hacerlos realidad. Pero no es verdad. Has tenido experiencias muy dolorosas que te han aportado una gran sabiduría interior. Confía en tu fortaleza. Vas a crear un hermoso equilibrio interior.

2. Eres una persona encantadora. Consigues cautivar a los demás. Pero sueles decirte que se debe a que esperan de ti algo concreto. Solo quieren estar cerca de ti. Solo quieren conocerte y quererte. Toma conciencia de esta fortaleza para poder disfrutar de hermosas relaciones con los demás.

3. Una parte de ti sigue bloqueada en una experiencia del pasado. Tienes la impresión de que esta experiencia volverá a repetirse, y eso crea una energía cargada de fatalidad. Pero no es así en absoluto. Libérate de esa experiencia y abre paso a todas las novedades que te esperan. Así, podrás anclarte en el momento presente y vivir grandes experiencias.

4. Huyes de tus pensamientos. Huyes de tus reflexiones interiores. Huyes de tu alma. Solo escuchas tus creencias limitantes, y así acabas por encerrarte en una zona de confort que ya no te conviene. Atrévete a escuchar a tu yo interior. Recibirás muchos

consejos sobre cómo crear una nueva relación contigo y con el mundo exterior.

5. Estás rodeado de señales. Son muy numerosas y adoptan diferentes formas. Tómate tu tiempo para observar todo lo que ocurre a tu alrededor. Conseguirás así sentirte apoyado y protegido, y te atreverás a asumir riesgos para darle la vuelta a tu día a día y asumir grandes proyectos.

Colócate en un lugar tranquilo.

Cierra los ojos e inspira y espira profundamente.

Repite la palabra **«CONFIANZA»** en voz alta. Tómate el tiempo que necesites.

Deja que todos tus sentimientos, ya sean físicos, energéticos o emocionales, vengan a ti. Pueden ser recuerdos o pensamientos.

Escribe todo lo que sientas.

. . . .

. . . .

. . . .

. . . .

. . . .

✣ Introspección ✣

Siéntate en un lugar tranquilo y responde a las siguientes preguntas, tomándote el tiempo que necesites para analizar cada una.

En tu infancia, ¿en qué momento te sentiste víctima de una traición? ¿Por qué?

. . . .

. . . .

. . . .

¿Quién te traicionó?

. . . .

. . . .

. . . .

¿Qué sentiste y cuáles fueron tus pensamientos en aquel momento?

. . . .

. . . .

. . . .

¿Te hiciste promesas una vez que descubriste la traición? ¿Cuáles fueron?

. . . .

. . . .

. . . .

¿Estas promesas siguen siendo pertinentes?

....

....

....

¿Cómo afectan a tu día a día?

....

....

....

A día de hoy, ¿cuáles son los momentos en que no consigues confiar en los demás? ¿Por qué?

....

....

....

¿Cuál es hoy tu definición de la confianza?

....

....

....

¿Qué medidas puedes aplicar para conseguir confiar más en los demás?

....

....

....

La sombra de la herida de la traición crea patrones muy fuertes de hipervigilancia, manipulación y sospecha.

Vamos a trabajar en ello.

1. La hipervigilancia

Responde a las preguntas siguientes.

En tu vida diaria, ¿cuáles son los desencadenantes que pueden ponerte en alerta?

. . . .

. . . .

. . . .

. . . .

Cuando tengas todos los desencadenantes, cierra los ojos.

Inspira y espira profundamente.

Vas a crear tu lugar seguro: un lugar donde refugiarte cuando necesites encontrarte y sentirte a salvo.

Visualiza un lugar que conozcas o imagines, donde sientas que nada malo te puede ocurrir.

Tómate el tiempo que necesites para fijarte en todos los detalles.

Inspira y espira hasta que experimentes una profunda sensación de seguridad.

Luego, visualiza alguno de los factores que desencadenan tu hipervigilancia. Acoge el malestar inspirando y espirando profundamente.

Cuando aparezca el malestar, concéntrate en uno de los detalles de tu refugio, hasta que encuentres una nueva sensación de seguridad.

Cuando termines, abre los ojos.

Describe tus sentimientos.

. . . .

. . . .

. . . .

. . . .

A continuación, completa la siguiente tabla.

Desencadenantes de hipervigilancia	Sensación de seguridad	Medidas para generar una nueva serenidad	Resultados

¿Qué te dice esto sobre ti?

. . . .

. . . .

. . . .

. . . .

2. La manipulación

Responde a las preguntas siguientes.

¿En qué situaciones has manipulado a otras personas?

. . . .

. . . .

. . . .

¿Cuáles son los motivos que te llevaron a hacerlo?

. . . .

. . . .

. . . .

¿Qué consecuencias tuvieron estas manipulaciones?

. . . .

. . . .

. . . .

Echando la vista atrás, ¿podrías haber actuado de otra manera? ¿Qué se te ocurre?

. . . .

. . . .

. . . .

. . . .

. . . .

¿Qué te dice esto sobre ti?

. . . .

. . . .

. . . .

. . . .

. . . .

¿Qué puedes hacer para establecer con los demás otra forma de relación?

. . . .

. . . .

. . . .

. . . .

. . . .

Cuando hayas terminado, rellena la siguiente tabla:

La persona con la que mantengo algún tipo de relación	Mis necesidades en esta relación	Mis límites	Las medidas que tomo	Lo que me prohíbo hacer y decir	Resultados

Comprométete a aplicar las medidas que has descrito en esta tabla. Escribe periódicamente cómo te sientes. Ajusta las medidas en función de la relación y su evolución.

¿Qué te dice esto sobre ti?

. . . .

. . . .

. . . .

. . . .

. . . .

. . . .

3. La sospecha

Responde a las preguntas siguientes.

¿En qué momentos has sospechado de algo o de alguien?

. . . .

. . . .

. . . .

¿Cómo te sentiste?

. . . .

. . . .

. . . .

¿Cuál fue tu reacción?

. . . .

. . . .

. . . .

. . . .

. . . .

¿Qué consecuencias tuvo en los demás?

. . . .

. . . .

. . . .

. . . .

. . . .

¿Qué te dice esto sobre ti?

. . . .

. . . .

. . . .

. . . .

. . . .

Tómate tu tiempo para responder a todas las preguntas y reflexiona sobre tus pensamientos y sentimientos.

Cuando hayas terminado, rellena la siguiente tabla:

Sospecha				
Consecuencias en mis pensamientos				
Consecuencias en mis energías				
Consecuencias en mis reacciones emocionales				
Consecuencias en mi cuerpo				
Pensamiento positivo para reemplazar a la sospecha				
Medidas tomadas				
Resultados				

¿Qué te dice esto sobre ti?

....

....

....

....

---

*La creación de una nueva relación con la sombra
de la traición te llevará a un nuevo encuentro
con tu fuerza interior. Implica tomar conciencia
de tu capacidad para anticiparte, observar
y comprender a los demás.*

Responde a las preguntas siguientes:

En tu día a día, ¿haces algo para anticiparte a las cosas antes de que ocurran?

....

....

....

¿En qué te beneficia?

....

....

....

¿Cómo te ayudan tus dotes de observación en tu vida diaria?

. . . .

. . . .

. . . .

. . . .

. . . .

¿En qué medida tu comprensión de los demás es positiva en tus relaciones?

. . . .

. . . .

. . . .

. . . .

. . . .

¿Qué cualidades te sirven de ayuda en tu día a día?

. . . .

. . . .

. . . .

. . . .

. . . .

Reflexiona sobre tus sentimientos y pensamientos.

Cuando hayas terminado, vas a escribir una carta dirigida a tu propia persona. Es una carta de agradecimiento de ti para ti.

La carta de agradecimiento

Empieza así: «*Me doy las gracias por...*»
Enumera todo aquello por lo que te sientes agradecido contigo. Cuando termines, tómate tu tiempo para releer esta carta, inspirando y espirando profundamente.
Vuelve a leerla siempre que sientas la necesidad.

Me doy las gracias por . . . .

. . . .

. . . .

. . . .

. . . .

. . . .

. . . .

. . . .

. . . .

EL *SHADOW WORK*
Y LA HERIDA DEL RECHAZO

La sombra de la herida del rechazo se genera cuando tienes la impresión de que no te miran, de que no te tienen en cuenta o de que tu presencia resulta incómoda para los demás. Puede aparecer en los primeros años de la infancia o ser kármica.

Si la sombra del rechazo está presente, te resultará muy difícil acercarte a los demás y al mundo exterior. Quizá te cueste afrontar los conflictos y dar el primer paso para entablar relaciones. Puedes encerrarte en una soledad reconfortante y evitar cualquier contacto prolongado con los demás.

Te parece que no puedes contar más que contigo y eres incapaz de pedir ayuda cuando sientes que la necesitas, porque te acompaña la sensación de que no le interesas ni le gustas a los demás.

Esta impresión acaba por volverse una obviedad y creas corazas sólidas, convenciéndote de que tu camino es solitario.

Nadie puede compartir tu camino ni echarte una mano.

Los ánimos de tu guía

Cuentas con el apoyo de tu guía para este trabajo con las sombras (tu guía puede ser tu alma, tu ángel de la guarda, tu animal tótem, etc., dependiendo de tus creencias).

Concéntrate en tu guía y deja que te venga un número entre 1 y 5. Lee el mensaje asociado. Es una ayuda para tu trabajo con las sombras.

1. No has llegado a pararte. Una parte de ti puede sentir que siempre tienes que estar en movimiento y en una carrera por dar siempre la mejor versión de ti. Tienes derecho a tomarte descansos y a respetar tus recursos. Escucha tu propio ritmo para diseñar tu camino. Conseguirás así una nueva sensación de bienestar.

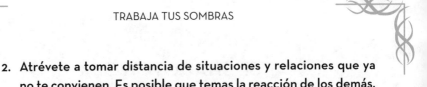

2. Atrévete a tomar distancia de situaciones y relaciones que ya no te convienen. Es posible que temas la reacción de los demás, y es que además has dedicado tanta energía a cultivar estas relaciones que ahora no quieres renunciar a ellas. Tómate un descanso durante el tiempo que necesites, verás cómo acabará surgiendo tu propia identidad.

3. Escucha a tus emociones. No es su misión desestabilizarte, sino acompañarte en tu viaje interior. Confía en ellas, pues te acabarán revelando tus necesidades más profundas. Son tus emociones las que te ayudarán a tomar decisiones importantes para inaugurar un nuevo capítulo de tu vida.

4. Te encuentras en un punto de inflexión determinante en tu vida. Es normal que te asuste un poco la idea, porque son muchas cosas las que están cambiando. También eres consciente de que no tiene marcha atrás. Tienes que saber que no es que todo tu mundo se esté derribando, sino todo lo contrario. Te estás mostrando ante ti tal y como eres, y cuando este proceso culmine será mucho lo que habrás ganado.

5. Tu cuerpo, tu alma y tus energías necesitan aprender cosas nuevas. Realmente necesitas descubrir nuevos horizontes y aprender nuevas formas de hacer y de ser. Confía en tus deseos. Te llevarán a la senda del descubrimiento de inmensos tesoros interiores y de creación de una nueva relación con tu persona.

Colócate en un lugar tranquilo.

Cierra los ojos e inspira y espira profundamente. Repite la palabra «ACOGIDA» en voz alta.

Tómate el tiempo que necesites.

Deja que todos tus sentimientos, ya sean físicos, energéticos o emocionales, vengan a ti. Pueden ser recuerdos o pensamientos.

Escribe todo lo que sientas.

. . . .

. . . .

. . . .

. . . .

. . . .

⌇ Introspección ⌇

Siéntate en un lugar tranquilo y responde a las siguientes preguntas, tomándote el tiempo que necesites para analizarlas todas.

¿Recuerdas haber rechazado alguna oportunidad, aunque te morías de ganas de decir «sí»? Anota las que te vengan a la mente.

. . . .

. . . .

. . . .

¿Cuáles fueron tus sensaciones en aquel momento?

. . . .

. . . .

. . . .

¿Esos rechazos tuvieron consecuencias? ¿Cuáles fueron?

. . . .

. . . .

. . . .

¿En qué momentos has necesitado ayuda y has tratado, pese a ello, de arreglártelas por tu cuenta?

....
....
....

¿Qué consecuencias tuvo esa decisión?

....
....
....

¿Cómo percibes el mundo exterior?

....
....
....

¿Se te ocurre alguna forma de crear una nueva relación con el mundo exterior?

....
....
....

¿Qué medidas concretas puedes aplicar?

....
....
....

La sombra del rechazo puede generar corazas, soledad y aversión a las relaciones.

Vamos a trabajar en ello.

1. Las corazas

Colócate en un lugar tranquilo. Cierra los ojos e inspira y espira profundamente.

Coloca la mano izquierda sobre cada uno de tus chakras.

Si sientes calor, hormigueo o picazón en la mano, escribe el nombre del chakra correspondiente.

Chakras donde he sentido algo:

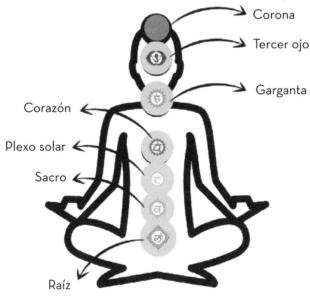

A continuación, busca la coraza con la que este chakra guarda relación:

CHAKRA RAÍZ

Rechazo asociado: dar el primer paso hacia el mundo exterior.

¿Qué despierta esto en ti?

. . . .

. . . .

. . . .

¿A qué experiencias te remite?

. . . .

. . . .

. . . .

¿Qué te dice esto sobre ti?

. . . .

. . . .

. . . .

CHAKRA SACRO

Rechazo asociado: mostrar tus emociones a las personas nobles.

¿Qué despierta esto en ti?

. . . .

. . . .

. . . .

¿A qué experiencias te remite?

. . . .

. . . .

. . . .

¿Qué te dice esto sobre ti?

. . . .

. . . .

. . . .

CHAKRA DEL PLEXO SOLAR

Rechazo asociado: marco de referencia de los demás.

¿Qué despierta esto en ti?

. . . .

. . . .

. . . .

¿A qué experiencias te remite?

. . . .

. . . .

. . . .

¿Qué te dice esto sobre ti?

. . . .

. . . .

. . . .

CHAKRA DEL CORAZÓN

Rechazo asociado: los conflictos.

¿Qué despierta esto en ti?

. . . .

. . . .

. . . .

¿A qué experiencias te remite?

. . . .

. . . .

. . . .

¿Qué te dice esto sobre ti?

. . . .

. . . .

. . . .

CHAKRA DE LA GARGANTA

Rechazo asociado: comunicarse con los demás.

¿Qué despierta esto en ti?

. . . .

. . . .

. . . .

¿A qué experiencias te remite?

. . . .

. . . .

¿Qué te dice esto sobre ti?

. . . .

. . . .

. . . .

CHAKRA DEL TERCER OJO

Rechazo asociado: tu propia intuición.

¿Qué despierta esto en ti?

. . . .

. . . .

. . . .

¿A qué experiencias te remite?

. . . .

. . . .

. . . .

¿Qué te dice esto sobre ti?

. . . .

. . . .

. . . .

CHAKRA DE LA CORONA

Rechazo asociado: dejar ir.

¿Qué despierta esto en ti?

. . . .

. . . .

. . . .

¿A qué experiencias te remite?

. . . .

. . . .

. . . .

¿Qué te dice esto sobre ti?

. . . .

. . . .

. . . .

Tómate tu tiempo para escribir tus reflexiones y pensamientos interiores.
Cuando hayas terminado, relee lo que has escrito.
Luego, para cada chakra, elegirás un mantra.
Redáctalo como una frase corta y positiva en presente simple.

Mantra para el chakra raíz:

. . . .

Mantra para el chakra sacro:

. . . .

Mantra para el chakra del plexo solar:

. . . .

Mantra para el chakra del corazón:

. . . .

Mantra para el chakra de la garganta:

. . . .

Mantra para el chakra del tercer ojo:

. . . .

Mantra para el chakra de la corona:

. . . .

Cuando hayas terminado, cierra los ojos e inspira y espira profundamente.

Coloca la mano sobre cada chakra, repite tres veces el mantra correspondiente y respira profundamente.

A continuación, escribe aquí tus sensaciones.

. . . .

. . . .

. . . .

. . . .

. . . .

Ahora completa la siguiente tabla:

Acciones para dar el primer paso				
Acciones para expresar mis emociones				
Acciones para escuchar a los demás				
Acciones para gestionar los conflictos				
Acciones para comunicarse con los demás				
Acciones para seguir mi intuición				
Acciones para dejar ir				

Comprométete a llevar a cabo las acciones enumeradas anteriormente.

Puedes utilizar el cuaderno de sentimientos que figura al final del libro para hacer un seguimiento de tus resultados.

Es una ayuda inestimable para escribir tus pensamientos y reflexiones personales.

FECHA

. . . .

ACCIÓN REALIZADA

. . . .

. . . .

RESULTADOS

. . . .

. . . .

. . . .

SENTIMIENTOS

. . . .

. . . .

. . . .

ENSEÑANZAS

. . . .

. . . .

. . . .

NUEVAS MEDIDAS PARA APLICAR

. . . .

. . . .

. . . .

2. La soledad

Siéntate en un lugar tranquilo y responde a las siguientes preguntas.

¿Desde cuándo sientes soledad?

. . . .

. . . .

. . . .

¿Cómo llevas esa soledad?

. . . .

. . . .

. . . .

¿Qué sensaciones te genera relacionarte con otras personas?

. . . .

. . . .

. . . .

¿Qué es lo que te bloquea y te impide relacionarte con otras personas?

. . . .

. . . .

. . . .

¿Qué medidas puedes aplicar?

. . . .

. . . .

. . . .

Tómate tu tiempo para reflexionar sobre tus sensaciones y pensamientos interiores.

Cuando hayas terminado, rellena la siguiente tabla.

Cada día, vas a hacer algo que te ponga en contacto con el mundo exterior.

Vas a empezar con una acción que no te cueste mucha energía y que no te saque demasiado de tu zona de confort.

Según vayan pasando los días, esta acción diaria te irá sirviendo más para abrir la puerta al mundo exterior.

Lunes	Martes	Miércoles	Jueves

Viernes	Sábado	Domingo

Al final de la semana, responde a las siguientes preguntas:

¿Has conseguido llevar a cabo las acciones que habías elegido? ¿Por qué?

. . . .

. . . .

. . . .

¿Qué te dice esto sobre ti?

. . . .

. . . .

. . . .

¿Qué rutina puedes poner en marcha para crear una nueva conexión con el mundo exterior?

. . . .

. . . .

. . . .

3. La aversión a las relaciones

Colócate en un lugar tranquilo. Responde a las preguntas siguientes:

¿Por qué tienes esa aversión a las relaciones?

. . . .

. . . .

. . . .

¿Qué es lo que temes de relacionarte con otras personas?

. . . .

. . . .

. . . .

¿Cuál sería tu relación ideal?

. . . .

. . . .

. . . .

¿Cómo puedes abrirte a los demás?

. . . .

. . . .

. . . .

Vamos a aplicar la técnica de los muñecos de palitos de Jacques Martel, pero al revés, y así conseguirás crear nuevos vínculos con los demás.

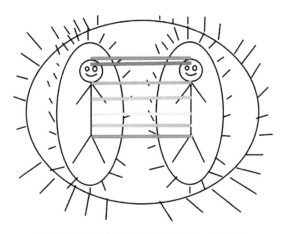

NOMBRES E INICIALES DEL APELLIDO

Dibújate a la izquierda y rodea tu figura con un círculo de luz.

A la derecha, dibuja a la otra persona y rodéala también con un círculo de luz.

Después, dibuja un tercer círculo de luz alrededor de los dos.

Tómate un momento para mirar tu dibujo, inspirando y espirando profundamente, y sé consciente de tus sensaciones.

A continuación, une los chakras de los dos muñecos dibujados.

En cada trazo, inspira y espira profundamente, repitiendo en voz alta: «Estoy dispuesto a conectar con los demás».

Cuando hayas terminado, mira el dibujo durante unos minutos, inspirando y espirando profundamente.

¿Qué sientes?

. . . .

. . . .

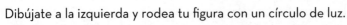

La creación de una nueva relación con la sombra del rechazo te llevará a redescubrir tu autonomía y tus habilidades.

Responde a las preguntas siguientes:

¿Para qué tipo de actividades tienes autonomía?

. . . .

. . . .

¿Qué eres capaz de hacer de manera independiente?

. . . .

. . . .

¿Cuáles son tus mayores logros personales?

. . . .

. . . .

. . . .

¿Cómo puedes compartir tus capacidades con otras personas?

. . . .

. . . .

. . . .

Reflexiona sobre tus sentimientos y pensamientos.

Cuando hayas terminado, vas a escribir una carta dirigida a tu propia persona. Es una carta de superación de ti para ti.

La carta de superación

Esta carta empieza así: «*Siento orgullo de mí porque...*». Enumera todas las cosas que te enorgullecen de tu persona.

Cuando termines, tómate tu tiempo para releer esta carta, inspirando y espirando profundamente.

Vuelve a leerla siempre que sientas la necesidad.

Siento orgullo de mí porque . . . .

. . . .

. . . .

. . . .

. . . .

. . . .

. . . .

. . . .

. . . .

. . . .

. . . .

EL *SHADOW WORK* Y LA HERIDA DEL ABANDONO

La sombra de la herida del abandono se genera cuando sientes que una persona, un objeto o una situación ha salido de tu vida sin que lo hayas visto venir. Se crea cuando sientes una inestabilidad a raíz de un gran cambio que te ha generado pérdidas y carencias, cuando tus cimientos han temblado sin que te lo esperaras. La sombra de la herida del abandono puede aparecer en los primeros años de la infancia o ser kármica.

Cuando la sombra de la herida del abandono está presente, te resulta muy difícil ser autosuficiente. Tienes mucho miedo de que todo lo que te rodea desaparezca de repente. Sientes que solo existes a través de los demás, y su presencia constante apenas basta para tranquilizarte.

Vives con un miedo permanente a la pérdida y esto puede traducirse en patrones de dependencia.

Te resulta muy difícil vivir plenamente el momento presente y eres incapaz de sentir gratitud. Todo se vive con miedo a la pérdida, con miedo a la nada, con miedo al duelo.

Los ánimos de tu guía

Cuentas con el apoyo de tu guía para este trabajo con las sombras (tu guía puede ser tu alma, tu ángel de la guarda, tu animal tótem, etc., dependiendo de tus creencias).

Concéntrate en tu guía y deja que te venga un número entre 1 y 5. Lee el mensaje asociado. Es una ayuda para tu trabajo con las sombras.

1. Márcate un objetivo cada día para vivir plenamente tu trabajo con las sombras. Diviértete al menos una vez al día. Concéntrate durante unos minutos al día en algo que te haga sonreír y reír. Esto te dará la energía luminosa que necesitas para tomar conciencia de las cosas importantes y te permitirá trabajar en profundidad con tranquilidad.

2. Confía en la energía del amor. En este momento estás experimentando una energía del amor intensa que te permite crear una nueva relación con tu ser, pero también con las demás personas. Estás viviendo una energía de partes auténticas y sinceras, que va a ejercer una poderosa fuerza motriz para vivir algunas alteraciones internas importantes.

3. Ten fe en la esperanza. Hoy te guía el pesimismo y tu sensación es que no conseguirás ningún cambio por mucho empeño que pongas. Pero no es verdad. La vigorosa energía de esperanza que habita en ti va a proyectar ambiciosos proyectos positivos que vas a conseguir llevar a buen puerto. Todo es posible.

4. No eres alguien tóxico para los demás. Si te dejas llevar por esta idea limitante, acabarás asumiendo la culpa de errores que ni siquiera has cometido. No eres una persona horrible. Eres una persona que hace lo mejor con los medios de que dispone. Mírate tal y como eres. Eres una persona muy dulce y luminosa. Esa es la realidad.

5. Eres una persona muy creativa, pero tus capacidades llevan demasiado tiempo adormecidas. Atrévete a confiar en tus deseos creativos y podrás generar una nueva relación con tu yo interior, realizar cambios importantes y vivir de una manera nueva. Tienes en ti todo lo que se necesita.

Colócate en un lugar tranquilo.

Cierra los ojos e inspira y espira profundamente. Repite la palabra **«INDEPENDENCIA»** en voz alta.

Tómate el tiempo que necesites.

Deja que todos tus sentimientos, ya sean físicos, energéticos o emocionales, vengan a ti. Pueden ser recuerdos o pensamientos.

Escribe todo lo que sientas.

. . . .

. . . .

. . . .

. . . .

. . . .

~ Introspección ~

Siéntate en un lugar tranquilo y responde a las siguientes preguntas.

Reflexiona sobre tus sentimientos y pensamientos interiores, tomándote el tiempo que necesites para analizarlos todos.

¿De qué dependes actualmente? ¿Desde cuándo?

. . . .

. . . .

. . . .

. . . .

¿Qué efectos negativos tiene esta dependencia en ti?

. . . .

. . . .

. . . .

¿Por qué no puedes librarte de estas dependencias?

. . . .

. . . .

. . . .

¿Cuáles son los pensamientos que te bloquean cuando intentas cambiar las cosas?

. . . .

. . . .

. . . .

¿Qué puedes hacer para disfrutar de una nueva libertad?

. . . .

. . . .

. . . .

¿Cuál es tu definición de equilibrio con el mundo exterior?

. . . .

. . . .

. . . .

¿Cómo puedes establecer este equilibrio?

. . . .

. . . .

. . . .

La sombra del abandono puede generar dependencia, ausencia de límites y aversión a la soledad.

Vamos a trabajar en ello.

1. La dependencia

Lee estas frases.

   ¿Has llegado a decir alguna de ellas?

Si es así, anota en cada caso el contexto, los sentimientos que te rondaban y las medidas que tomaste a continuación.

. . . .

. . . .

. . . .

¿Lo he llegado a decir?	Sí	No
No puedo vivir sin ti.		
Lo eres todo para mí.		
Sin ti no soy nada.		
Me siento bien cuando soy útil a los demás.		
Siempre estoy disponible para los demás.		
No soy capaz de decir «no».		
Puedo ser lo que tú quieras que sea.		
Necesito a otras personas para disfrutar del momento.		
Necesito constantemente el reconocimiento de los demás.		
Necesito que me miren.		

Reflexiona sobre tus sentimientos y pensamientos interiores. Tómate el tiempo que necesites.

Luego, responde a estas preguntas:

¿Qué es eso que hay en tu interior de lo que huyes a través de otras personas?

. . . .

. . . .

. . . .

. . . .

¿Por qué tu única compañía te parece aterradora?

....

....

....

....

¿Se te ocurre alguna forma de crear una nueva relación con tu propio yo?

....

....

....

....

¿Cuál es tu definición de felicidad?

....

....

....

....

¿Qué puedes hacer para crear tu propia felicidad?

....

....

....

....

Volvamos a las frases de antes. Ahora, vamos a reemplazarlas por otra en tono positivo que empiece por «yo» y centre en ti la acción.

Lo eres todo para mí:

. . . .

Sin ti no soy nada:

. . . .

Me siento bien cuando soy útil a los demás:

. . . .

Siempre estoy disponible para los demás:

. . . .

No soy capaz de decir «no»:

. . . .

Puedo ser lo que tú quieras que sea:

. . . .

Necesito a otras personas para disfrutar del momento:

. . . .

Necesito constantemente el reconocimiento de los demás:

. . . .

Necesito que me miren:

. . . .

Cuando hayas terminado, relee cada frase al menos tres veces, inspirando y espirando profundamente.

¿Cuáles son tus sentimientos?

....

....

....

....

¿Qué acciones te inspira a emprender?

....

....

....

....

Elige uno de los retos de la siguiente lista.

Son siete en total, para que asumas uno cada día de la semana. El objetivo de este ejercicio es ayudarte a crear una nueva relación con tu propio yo para fomentar tu independencia.

Cuanto mejor sea la relación que mantienes contigo, menos dependerás del mundo exterior.

Elige el día en que prefieres realizar cada acción.

Escribe cómo te sientes al final del día, qué has aprendido del reto y qué acciones te ha inspirado para crear tu propio bienestar.

Lunes	Martes	Miércoles	Jueves

Viernes	Sábado	Domingo

1. Día sin teléfono
2. Meditar tanto como sea posible (al menos tres veces al día)
3. Decirme únicamente cosas positivas sobre mí
4. Hablar a mis allegados sobre mis límites
5. Hacer mi actividad favorita sin compañía
6. Atreverme a decir no
7. Regalarme algo bonito

FECHA

....

ACCIÓN REALIZADA

....

....

RESULTADOS

....

....

....

SENTIMIENTOS

. . . .

. . . .

. . . .

LECCIONES APRENDIDAS

. . . .

. . . .

. . . .

NUEVAS MEDIDAS PARA APLICAR

. . . .

. . . .

. . . .

2. La ausencia de límites

Los límites son algo absolutamente personal.

Establecen el umbral que no debe superarse para mantener el equilibrio interior. Es muy importante marcarse unos límites y modificarlos en función de los movimientos internos que se vayan produciendo. Sin límites eres una esponja para el mundo exterior y no dejas espacio para tus propias energías, tus propios pensamientos, tus propios proyectos o tus propios sentimientos. Tu identidad se convierte en la de otras personas y te desvaneces.

Colócate en un lugar tranquilo.

Responde a las preguntas siguientes:

¿Recuerdas alguna vez en que hayas dicho «sí», aunque en realidad querías decir «no»? Anota las situaciones en que te haya pasado.

. . . .

. . . .

. . . .

¿Qué consecuencias tuvo esa decisión?

. . . .

. . . .

. . . .

¿Cuáles fueron tus sensaciones en aquel momento?

. . . .

. . . .

. . . .

¿Te sentiste luego feliz? ¿Por qué?

. . . .

. . . .

. . . .

¿Cómo percibes a los demás?

. . . .

. . . .

. . . .

¿Cómo te percibes a ti?

. . . .

. . . .

. . . .

¿Crees que podrías cambiarlo? ¿Qué acciones concretas se te ocurren para conseguirlo?

. . . .

. . . .

. . . .

Tómate tu tiempo para reflexionar sobre tus sensaciones y pensamientos interiores.

Cuando hayas terminado, rellena la siguiente tabla.

¿Qué necesito?	¿Cuáles son mis límites para respetar mis necesidades?	Medidas para establecer límites

¿A qué personas puedo hablar de mis límites?	Resultados	Lecciones aprendidas

Las columnas «Resultados» y «Lecciones aprendidas» deben rellenarse cuando hayas puesto en práctica las acciones y cuando percibas sus consecuencias.

La honestidad y la sinceridad respecto a tus sentimientos son decisivas, así que aplícalas en tus respuestas.

La creación de una nueva relación con la sombra del abandono implica tomar conciencia de la empatía y dulzura propias.

Responde a las preguntas siguientes:

¿Has ayudado ya a los demás en algo? Escribe algún ejemplo concreto.

. . . .

. . . .

. . . .

. . . .

¿De qué manera ejerces una influencia positiva en los demás?

....

....

....

¿Qué haces para inspirar tranquilidad a los demás?

....

....

....

¿Qué haces para que los demás se sientan bien?

....

....

....

¿De qué manera puedes conseguir que todo lo que les aportas a los demás revierta también en ti?

....

....

....

¿Cómo puedes volver a colocarte en la primera posición de tu lista de prioridades?

....

....

....

Tómate tu tiempo para escribir todos tus sentimientos y tus reflexiones personales e interiores.

3. La aversión a la soledad

Cuando la sombra del abandono está presente, la soledad puede parecerte aterradora. Es posible que te resulte muy difícil distraerte, sentirte bien y pasar un rato agradable a solas.

Tienes la creencia limitante de que si el momento no se comparte con otra persona, no merece la pena vivirlo.

¿Cuándo fue la última vez que estuviste a solas?

. . . .

. . . .

. . . .

¿Cómo te sentiste en aquel momento?

. . . .

. . . .

. . . .

¿Qué estrategias sigues para no quedarte nunca a solas?

. . . .

. . . .

. . . .

¿Qué pensamientos ocupan tu mente cuando te encuentras a solas?

. . . .

. . . .

. . . .

¿Por qué «soledad» para ti equivale a «fracaso»?

. . . .

. . . .

. . . .

¿Qué te dice esto?

. . . .

. . . .

. . . .

Busca cuatro actividades para hacer en solitario (dos en casa y dos fuera).

Recuerda que no hay reto pequeño. Lo importante es comprender que se puede disfrutar de la soledad manteniendo el sosiego.

Elige un día de la semana para superar este reto (elige, por tanto, cuatro días).

Lunes	Martes	Miércoles	Jueves

Viernes	Sábado	Domingo

FECHA

. . . .

RETO ASUMIDO

. . . .

. . . .

RESULTADOS

. . . .

. . . .

. . . .

SENTIMIENTOS

. . . .

. . . .

. . . .

LECCIONES APRENDIDAS

. . . .

. . . .

. . . .

NUEVO RETO ASUMIDO

. . . .

. . . .

. . . .

Cuando hayas terminado, vas a escribir una carta dirigida a tu propia persona.

Es una carta de libertad de ti para ti.

∾ La carta de libertad ∾

Esta carta empieza así: «*Soy libre porque...*» Enumera todas tus necesidades y todos tus límites.

Cuando termines, tómate tu tiempo para releer esta carta, inspirando y espirando profundamente.

Vuelve a leerla siempre que sientas la necesidad.

Soy libre porque . . . .

. . . .

. . . .

....

....

....

....

....

....

....

....

EL *SHADOW WORK*
Y LA HERIDA DE LA HUMILLACIÓN

La sombra de la humillación se genera cuando sientes que no se ha respetado tu intimidad y se han desvelado ciertos aspectos de tu persona en contra de tu voluntad; es decir, se crea cuando se revelan cosas que querías mantener en secreto. Puede aparecer durante los primeros años de la infancia o ser kármica.

Cuando la sombra de la humillación está presente, puede que te resulte muy difícil sentirte a gusto con tu cuerpo y que sientas un desasosiego permanente, una gran tensión y una profunda sensación de malestar. Tienes la impresión de que no mereces vivir ni recibir cosas bonitas, de que la suciedad te rodea y de que tienes que pasarte la vida limpiando para dejarlo todo pulcro. A menudo sientes vergüenza.

Siempre te estás disculpando porque te parece que sobrepasas los límites de los demás, cuando no es así.

Te cuesta sentir que estás a la altura de las circunstancias y te resulta muy complicado hallar felicidad y bienestar.

Tienes la sensación de que todo lo que haces no sirve para nada y, en consecuencia, tu autoestima se ve enormemente dañada.

Los ánimos de tu guía

Cuentas con el apoyo de tu guía para este trabajo con las sombras (tu guía puede ser tu alma, tu ángel de la guarda, tu animal tótem, etc., dependiendo de tus creencias).

Concéntrate en tu guía y deja que te venga un número entre 1 y 5. Lee el mensaje asociado. Es una ayuda para tu trabajo con las sombras.

1. Puede que estés pasando una época de estrés que esté alterando tu manera de navegar por el mundo que te rodea y la percepción que tienes del exterior. Te invade por eso un considerable sentimiento de agitación e impaciencia. Sientes que tienes que actuar con gran rapidez y esto te impide avanzar con serenidad. Tómate tu tiempo para conseguir una calma interior que aplaque tus acciones y reacciones.

2. Te rodea una energía muy solar. Tienes en este momento un potente magnetismo que te acercará hermosas oportunidades y sincronicidades. Ten fe en los acontecimientos que se te presenten y podrás disfrutar de experiencias maravillosas y rebosantes de alegría y felicidad.

3. Has trabajado mucho para crear un nuevo horizonte. No ha sido fácil, pues has tenido que hacer muchos sacrificios. A menudo te han acechado las dudas, y varias veces has sentido que te habías metido en un callejón sin salida. Ahora vas por buen camino. Por eso vas a conseguir crear una nueva relación con tu propio ser y experimentar una nueva felicidad.

4. Necesitas la ayuda de una persona noble para emprender este viaje personal de apoyo y ánimo. Atrévete a pedir ayuda. Podrás así avanzar de una forma plácida y sosegada y construirás una nueva relación contigo sin sobrepasar tus límites. Acude a esa persona, está a tu disposición.

5. Rebélate, no tengas miedo. Necesitas esta rebelión para crear una nueva relación interior y decir «basta» y «no» a las cosas que no te convienen. Atrévete a hacerlo. Dejarás sitio para los numerosos cambios y renovaciones que están por venir, y saldrán a la luz nuevos tesoros interiores.

Colócate en un lugar tranquilo.

Cierra los ojos e inspira y espira profundamente.

Repite la palabra **«INTIMIDAD»** en voz alta. Tómate el tiempo que necesites.

Deja que todos tus sentimientos, ya sean físicos, energéticos o emocionales, vengan a ti. Pueden ser recuerdos o pensamientos.

Escribe todo lo que sientas.

. . . .

. . . .

. . . .

. . . .

. . . .

. . . .

. . . .

. . . .

. . . .

. . . .

. . . .

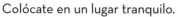

⊱ Introspección ⊰

Siéntate en un lugar tranquilo y responde a las siguientes preguntas, tomándote el tiempo que necesites para analizarlas todas.

¿Por qué no te gusta tu cuerpo?

....

....

....

¿Cuál es tu relación con él?

....

....

....

¿Lo tratas con cariño? ¿Por qué?

....

....

....

¿De qué te avergüenzas?

....

....

....

¿Crees que está justificado? ¿Por qué?

. . . .

. . . .

. . . .

¿Se te ocurre alguna forma de crear una nueva relación con tu cuerpo?

. . . .

. . . .

. . . .

¿Cómo puedes hacerte valer ante los demás?

. . . .

. . . .

. . . .

Reflexiona sobre tus sentimientos y pensamientos interiores. Tómate el tiempo que necesites.

La sombra de la humillación puede generar una falta de amor propio y de confianza en uno mismo.

Vamos a trabajar en ello.

1. La falta de amor propio

Siéntate en un lugar tranquilo y responde a las siguientes preguntas:

¿Sueles hacerte reproches en tu día a día? ¿Sobre qué tipo de cosas?

....

....

....

¿Cuáles son tus sensaciones en esos momentos?

....

....

....

¿Qué cosas te criticas?

....

....

....

¿Cuándo empezaste a hacerlo?

....

....

....

¿Cómo reaccionas ante estas críticas que salen de ti?

. . . .

. . . .

. . . .

¿Qué te dice esto sobre ti?

. . . .

. . . .

. . . .

Reflexiona sobre tus sentimientos y pensamientos interiores.
Tómate el tiempo que necesites para responder a estas preguntas.

De las diez propuestas siguientes, elige al menos tres actividades que te comprometes a realizar a lo largo de una semana.

Al final de cada día, anota cómo te sientes, ya sea desde el punto de vista psíquico, emocional, físico, energético, etc.

1. Descansar de las redes sociales.
2. Enunciar varias veces al día tres aspectos positivos de tu persona.
3. Realizar alguna actividad física (al menos veinte minutos al día).
4. Regalarte una acción amable al día.
5. Mirarte en el espejo una vez al día con actitud positiva.
6. Escribirte una carta de perdón.
7. Hacerte un automasaje al día.
8. Ordenar tu armario.
9. Comprarte ropa nueva.
10. No hacer nada.

Lunes	Martes	Miércoles	Jueves

Viernes	Sábado	Domingo

FECHA

. . . .

ACCIÓN REALIZADA

. . . .

. . . .

. . . .

RESULTADOS

. . . .

. . . .

. . . .

SENTIMIENTOS

. . . .

. . . .

. . . .

LECCIONES APRENDIDAS

. . . .

. . . .

. . . .

NUEVAS MEDIDAS PARA PONER EN PRÁCTICA

. . . .

. . . .

. . . .

2. La falta de confianza en uno mismo

Siéntate en un lugar tranquilo y responde a las siguientes preguntas:

¿Cuáles son tus tres principales cualidades y cómo puedes ponerlas de relieve?

. . . .

. . . .

. . . .

¿Qué puedes hacer para responsabilizarte de tus decisiones y elecciones?

. . . .

. . . .

. . . .

¿De qué manera puedes escuchar a los demás?

. . . .

. . . .

. . . .

¿De qué manera puedes expresarte ante los demás?

. . . .

. . . .

. . . .

¿Qué puedes hacer para organizarte de manera que te quede tiempo para dedicarte a aquello que más te gusta?

. . . .

. . . .

. . . .

¿Cómo puedes dejar de compararte con los demás?

. . . .

. . . .

. . . .

¿Qué puedes hacer para seguir tu intuición?

. . . .

. . . .

. . . .

¿Puedes salir de tu zona de confort? ¿Cómo?

. . . .

. . . .

. . . .

Tómate tu tiempo para reflexionar sobre tus sensaciones y pensamientos interiores.

Cuando acabes, decide diez acciones que vas a llevar a cabo para reafirmar tu posición personal. Son acciones que respetan tus recursos y tus límites, medidas concretas.

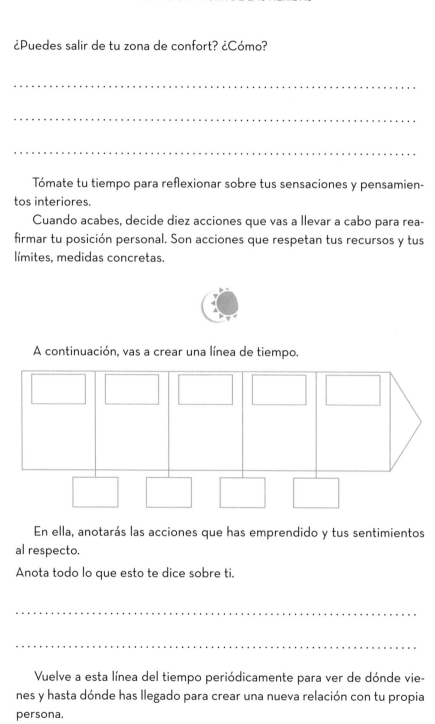

A continuación, vas a crear una línea de tiempo.

En ella, anotarás las acciones que has emprendido y tus sentimientos al respecto.

Anota todo lo que esto te dice sobre ti.

. . . .

. . . .

Vuelve a esta línea del tiempo periódicamente para ver de dónde vienes y hasta dónde has llegado para crear una nueva relación con tu propia persona.

La creación de una nueva relación con la sombra de la humillación implica tomar conciencia de las capacidades de cuestionamiento y adaptación.

Responde a las preguntas siguientes:

¿Qué pensamientos has conseguido cambiar?

. . . .

. . . .

. . . .

¿Qué cambios has conseguido implantar en tu interior?

. . . .

. . . .

. . . .

¿Qué haces para escuchar a los demás sin juzgarlos ni criticarlos?

. . . .

. . . .

. . . .

¿Cómo haces para mantener una actitud amable con los demás?

. . . .

. . . .

. . . .

¿Qué medidas te sirven para crear un entorno seguro para los demás?

. . . .

. . . .

. . . .

Tómate tu tiempo para escribir todos tus sentimientos y tus reflexiones personales e interiores.

Cuando hayas terminado, vas a escribir una carta dirigida a tu propia persona.

Es una carta de amor de ti para ti.

La carta de amor

Esta carta empieza así: «*Me quiero porque...* »

Enumera todo lo que te gusta de ti.

Cuando termines, tómate tu tiempo para releer esta carta, inspirando y espirando profundamente.

Vuelve a leerla siempre que sientas la necesidad.

Me quiero porque . . . .

. . . .

. . . .

. . . .

. . . .

. . . .

. . . .

EL *SHADOW WORK* Y LA HERIDA DE LA INJUSTICIA

La sombra de la injusticia se genera cuando se han pisoteado tus límites y se han ignorado tus necesidades. Se crea cuando has tenido una sensación de agobio provocada por otros y además no se ha escuchado tu ira.

La sombra de la herida de la injusticia puede aparecer en los primeros años de la infancia o ser kármica.

Cuando está presente, puedes sentirte como si solo estuvieras rodeado de enemigos contra los que luchar. Sientes la necesidad de rebelarte y no percibes la cara amable del mundo exterior. Vives todas tus experiencias como batallas que hay que librar.

Puedes categorizar a los demás sin darte cuenta.

Sientes un fuego interior que no consigues apagar. Todo se ve a través del prisma de una guerra sin cuartel. Resulta muy agotador y puede causar daños colaterales a la gente que te rodea.

Los ánimos de tu guía

Cuentas con el apoyo de tu guía para este trabajo con las sombras (tu guía puede ser tu alma, tu ángel de la guarda, tu animal tótem, etc., dependiendo de tus creencias).

Concéntrate en tu guía y deja que te venga un número entre 1 y 5.

Lee el mensaje asociado. Es una ayuda para tu trabajo con las sombras.

1. En este momento, tienes la impresión de que a tu alrededor acechan innumerables peligros. Te pasas el día protegiéndote de ellos, y resulta agotador. No estás rodeado de energía negativa. No tienes que pelear. Baja el arma. Verás cómo así percibes todo de forma distinta: podrás avanzar con gentileza y amabilidad y conseguirás relacionarte de otra manera con el mundo exterior.

2. Estás en medio de una energía de posibilidades. Numerosos caminos se abrirán ante ti, y ninguno de ellos es el equivocado. Te toca a ti decidir cuál es el que quieres seguir. Vas a experimentar cosas increíbles y a crear una nueva energía de independencia y libertad. Atrévete a tomar decisiones por y para ti mismo.

3. Tienes muchas cosas importantes que decir. Atrévete a comunicarte contigo, pero también con los demás. Te quitarás así un enorme peso de encima y abrirás un canal de comunicación importante con el exterior. Cuanto más te comuniques, más observarás tu entorno de una forma nueva. Y, como resultado, establecerás una nueva relación con el mundo exterior.

4. Necesitas un gran cambio profesional. No esperes que las oportunidades te caigan del cielo. Tienes que ir a por ellas. Para ello, tienes que empezar por crear una nueva relación con tu propio yo. Atrévete a escuchar tus pensamientos y sentimientos. Conseguirás inaugurar así un nuevo capítulo profesional.

5. En este momento, puedes mostrarte como una persona fría y distante, aunque no es así para nada como quieres que te vean. Puedes haberte alejado de ti y de los demás. Atrévete a dar el primer paso hacia la amabilidad. Atrévete a compartir tus sentimientos y emociones, y actúa de forma cordial contigo y con los demás. Así conseguirás crear una nueva relación con tu propio yo y con los que te rodean.

Colócate en un lugar tranquilo.
Cierra los ojos e inspira y espira profundamente.
Repite la palabra «AMABILIDAD» en voz alta.

Tómate el tiempo que necesites.

Deja que todos tus sentimientos, ya sean físicos, energéticos o emocionales, vengan a ti. Pueden ser recuerdos o pensamientos.

Escribe todo lo que sientas.

....

....

....

....

....

....

....

Introspección

Siéntate en un lugar tranquilo y responde a las siguientes preguntas, tomándote el tiempo que necesites para analizarlas todas.

¿Te enfadas con frecuencia?

....

....

....

¿Con qué intensidad?

. . . .

. . . .

. . . .

¿Entiendes por qué sientes esta ira?

. . . .

. . . .

. . . .

¿Consigues que se te pase? Si no es así, ¿por qué?

. . . .

. . . .

. . . .

La sombra de la injusticia
puede generar relaciones disfuncionales
y categorización.

Vamos a trabajar en ello.

1. Las relaciones disfuncionales

Colócate en un lugar tranquilo. Responde a las preguntas siguientes:

¿Sientes que tus relaciones te aportan una satisfacción plena? ¿Por qué?

. . . .

. . . .

. . . .

¿Qué es lo que más reprochas a los demás?

. . . .

. . . .

. . . .

¿Y crees que está realmente justificado?

. . . .

. . . .

. . . .

¿En qué momentos sientes que te peleas con los demás?

. . . .

. . . .

. . . .

¿Y crees que está realmente justificado?

....

....

....

¿Qué daños colaterales has podido causar en los demás?

....

....

....

¿De qué manera reaccionaron?

....

....

....

¿Cuál es el patrón más común en tus relaciones?

....

....

....

¿Qué te dice esto sobre ti?

....

....

....

¿Se te ocurre alguna manera de modificar estos patrones de relación?

....

....

....

Tómate tu tiempo para escribir tus sensaciones y tus reflexiones personales e interiores.

Cuando hayas terminado, enumera los nombres de las personas con las que quieres cambiar la relación.

Completa la siguiente tabla:

Mi relación con:	¿Por qué esta relación es disfuncional?	Mi cuota de responsabilidad

Lo que quiero cambiar	Las medidas que tomo	Los resultados

A continuación, utiliza el dibujo de la casa para crear nuevas bases relacionales.

∽ Ejercicio de la casa ∽

Tu manera de gestionar los conflictos con la otra persona

Tu manera de disfrutar del momento con la otra persona

Los proyectos que quieres crear con la otra persona

Tu zona de compromiso con la otra persona

Tus capacidades de escucha y comprensión de la otra persona

Tus límites en la relación

Las cosas positivas que aportas en tus relaciones

Completa las diferentes partes de la casa según el modelo.

Cuando hayas terminado, tómate un momento para mirar el dibujo y leer lo que has escrito.

¿Qué sientes?

. . . .

. . . .

. . . .

Vuelve a mirar este dibujo periódicamente cuando sientas que tus relaciones no te aportan una satisfacción plena.

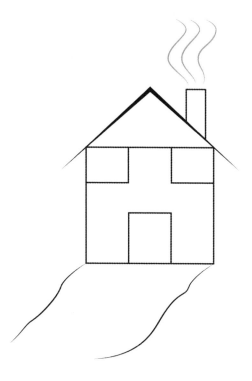

2. La categorización

La categorización es un sesgo cognitivo, es decir, una alteración del procesamiento de la información por parte de nuestro cerebro que se traduce en un juicio erróneo.

Es el acto de reducir a una persona o a un grupo de personas a una única característica que carece de fundamento.

Siéntate en un lugar tranquilo y responde a las siguientes preguntas:

¿Tienes algún juicio infundado sobre otra persona? Escribe los que se te vengan a la mente.

. . . .

. . . .

. . . .

¿Hace cuánto que los tienes?

. . . .

. . . .

. . . .

¿Diriges críticas gratuitas hacia los demás? Anota algún caso.

. . . .

. . . .

. . . .

¿Cuándo empezaste a hacerlo?

. . . .

. . . .

. . . .

¿Cuáles son las reacciones de las demás personas?

. . . .

. . . .

. . . .

¿Qué medidas estás tomando en relación con la sombra de la injusticia?

. . . .

. . . .

. . . .

¿Qué podrías hacer para ver a los demás de otra manera?

....

....

....

¿Cómo podrías cambiar tu forma de escuchar a los demás?

....

....

....

Tómate tu tiempo para reflexionar sobre tus sensaciones y pensamientos interiores.

Cuando hayas terminado, rellena la siguiente tabla:

Las críticas gratuitas a los demás	Motivos por los que carecen de fundamento	¿Por qué pensamientos podría reemplazarlas?	¿Qué puedo hacer para ver a los demás de otra manera?

Comprométete a llevar a cabo estas acciones.

FECHA

. . . .

ACCIÓN REALIZADA

. . . .

. . . .

RESULTADOS

. . . .

. . . .

. . . .

SENTIMIENTOS

. . . .

. . . .

. . . .

LECCIONES APRENDIDAS

. . . .

. . . .

. . . .

NUEVAS MEDIDAS PARA APLICAR

. . . .

. . . .

. . . .

La creación de una nueva relación con la sombra de la injusticia implica tomar conciencia de tu fuerza interior, de tu capacidad para poner límites, de tu espíritu de lucha y de tu perseverancia.

Responde a las preguntas siguientes:

¿Cuáles son tus límites y cómo consigues establecerlos?

. . . .

. . . .

. . . .

¿Qué batallas justas estás librando?

. . . .

. . . .

. . . .

¿Qué sentimientos positivos te aporta?

. . . .

. . . .

. . . .

¿Qué retos importantes has superado?

. . . .

. . . .

. . . .

¿Cómo lo conseguiste?

. . . .

. . . .

. . . .

¿Crees que tu perseverancia sirve a otros de inspiración? ¿De qué manera?

. . . .

. . . .

. . . .

Cuando hayas terminado, vas a escribir una carta dirigida a tu propia persona.

Es una carta de amabilidad de ti para ti.

La carta de amabilidad

Esta carta empieza así: «*Soy amable con mi propia persona y soy amable con los demás porque soy capaz de...*».

Enumera todas las cosas que vas a hacer para tratarte con amabilidad pero también para tratar así a los demás.

Cuando termines, tómate tu tiempo para releer esta carta, inspirando y espirando profundamente.

Vuelve a leerla siempre que sientas la necesidad.

Soy amable con mi propia persona y soy amable con los demás porque soy capaz de.... . . . .

. . . .

. . . .

. . . .

. . . .

. . . .

EL *SHADOW WORK* CON LOS BLOQUEOS

Todos y todas nos quedamos bloqueados en ocasiones. ¿Pero sabes qué? No es casualidad que eso suceda.

Un bloqueo es un medio de defensa y protección contra un posible sufrimiento.

No es en absoluto un signo de debilidad: nos bloqueamos para protegernos de acontecimientos, situaciones, relaciones, personas, pautas de comportamiento o pensamientos que consideramos peligrosos.

Un bloqueo es muy a menudo un escudo contra situaciones nuevas cuando vislumbramos el peligro en una ola de cambio y renovación.

Cuanto más nos bloqueamos, más buscamos la seguridad interior y exterior.

Es muy importante ver los bloqueos desde una nueva perspectiva, porque no son elementos negativos que haya que superar o suprimir rápidamente. Son partes de nuestro ser que hay que mirar, comprender, aceptar y apreciar.

Vamos a trabajar con las sombras paralizantes, las sombras del pensamiento y las sombras de la huida.

CUESTIONARIO SOBRE LOS BLOQUEOS

Lee cada una de las frases y, si sientes que en cierta manera te identifica, anota el número que aparece al lado.

A continuación cuenta cuántas veces aparece cada número en tus respuestas al cuestionario y mira con qué guarda relación.

Así podrás luego realizar los diferentes ejercicios asociados a ese bloqueo.

- Siembre abandono mis proyectos antes de terminarlos. ①
- Me impongo muchas obligaciones que para mí no tienen mucho sentido. ④
- Tengo con frecuencia la sensación de que quiero protegerme de todo. ⑥
- Mi rutina, aunque me resulte fastidiosa, me tranquiliza enormemente. ③
- Siempre tengo la impresión de que no merezco las cosas buenas que me pasan. ⑤
- A menudo pienso en términos binarios: algo es bueno o es malo. ④
- Lucho contra esa impresión de ser una mala persona. ⑦
- Dudo siempre tanto que acabo posponiendo las decisiones que tengo que tomar. ②
- Me cuesta darme cuenta de hasta qué punto soy responsable de mis decisiones. ⑦
- Evito el cambio porque me parece sistemáticamente peligroso. ②
- No me gusta nada descubrir nuevos modelos de pensamiento, me desestabiliza por completo. ②
- A lo largo de mi vida, he tenido muy pocos momentos de felicidad. ⑧
- Me resulta muy difícil sentir gratitud. ⑤
- Siempre tengo alguna excusa para dejar para más tarde aquello que es importante para mí. ①
- Llevo fatal los imprevistos, porque siempre pienso que van contra mí. ③
- A menudo me disculpo por ser lo que soy y tener lo que tengo. ⑤

- Vivo con el miedo constante a que mis seres queridos me dejen de repente. ⑥
- Me puedo quedar bloqueado en un detalle nimio para no finalizar un proyecto. ①
- Al repetir las mismas cosas una y otra vez siento que controlo los acontecimientos futuros. ②
- A menudo culpo a los demás de mis reacciones personales. ⑦
- Me pasa con frecuencia que empiezo las frases por «tengo que». ④
- Huyo de la felicidad por miedo a sufrir si se termina. ⑧
- Mis reacciones actuales se basan con frecuencia en mis sufrimientos del pasado. ⑥
- Siempre espero que la gente se dé cuenta de que no tengo ningún talento. ⑤
- Si las cosas empiezan a ir bien, actúo negativamente para sentirme mejor. ①
- La duda me paraliza. ③
- Arrastro una importante carga mental. ⑦
- A menudo actúo imitando a los demás. ④
- Siempre me han dicho que la felicidad es un signo de ociosidad. ⑧
- Tengo siempre un sentimiento de malestar dentro de mí. ③
- Me resulta muy difícil olvidar las traiciones del pasado. ⑥
- Cuando me acuesto, me vienen a la mente posibles situaciones catastróficas. ⑧

∽ Resultados ∽

① El autosabotaje
② La repetición de patrones
③ La dualidad
④ Las creencias limitantes

⑤ El síndrome del impostor
⑥ El *dark passenger*
⑦ La huida de uno mismo
⑧ La huida de la felicidad

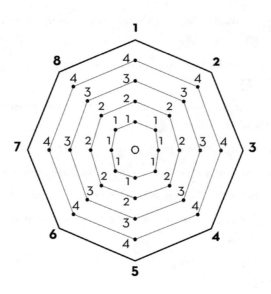

Une los números correspondientes con tus puntuaciones para obtener un espectro de tus heridas. A medida que completes tu *shadow work*, repite la prueba. Cuando vayas avanzando, tu espectro debería reducirse.

LAS SOMBRAS PARALIZANTES

Todos tenemos nuestro propio ritmo y forma de avanzar.

Es muy importante desvincularse de la exigencia de mejora permanente, que en este caso se traduce en un mandato.

Un mandato es una orden, implícita o no, pero en cualquier caso indiscutible y que debe cumplirse para evitar sanciones. Un mandato de mejora permanente es la obligación de hacerlo siempre mejor, de ser mejor, de conseguir más y de superar nuestros límites.

¿Y qué consecuencias tiene interiorizarlo? Pues agotamiento y falta de confianza en uno mismo, porque tenemos la impresión de que siempre podemos hacer más y hacerlo mejor, de que tenemos que convertirnos en la mejor versión de nuestra persona. Acaba machacándonos.

Sin embargo, cada día seguimos nuestro camino, a nuestro ritmo.

Avanzar a tu propio ritmo implica hacer pausas, dar rodeos, volver para atrás y tomar nuevas rutas. Cada camino es único. Para buscar tu felicidad, es muy importante comprender de qué manera avanzamos.

1. El autosabotaje

El autosabotaje es el acto por el cual no te permites lograr, experimentar y sentir algo positivo, ya sea de forma consciente o inconsciente. Cuando te autosaboteas, vas a hacer algo para volver a tu zona de confort cuando lo que realmente persigues es comenzar un nuevo capítulo en tu vida.

Por eso, abandonas lo que has puesto en marcha, no terminas tus proyectos.

Además, siempre puedes encontrar excusas para no avanzar hacia la renovación que estás esperando.

Puedes adoptar una postura de perfeccionismo inalcanzable. También puedes adentrarte en un estado permanente de aprendizaje y formación que te impedirá vivir el momento presente y experimentar aquello que deseas.

Los ánimos de tu guía

Cuentas con el apoyo de tu guía para este trabajo con las sombras (tu guía puede ser tu alma, tu ángel de la guarda, tu animal tótem, etc., dependiendo de tus creencias).

Concéntrate en tu guía y deja que te venga un número entre 1 y 5. Lee el mensaje asociado. Es una ayuda para tu trabajo con las sombras.

1. Es posible que en este momento te sientas triste. Piensas mucho en el pasado. Tienes la impresión de que lo mejor quedó atrás y ya no puedes vivir experiencias maravillosas. Pero no es verdad. Te rodea una energía muy positiva. Para acogerla, tienes que pasar el duelo de situaciones de tu pasado. Atrévete a hacerlo. Verás cómo así conseguirás vivir experiencias positivas y extraordinarias.

2. Tienes que comunicarte con tu interior, es muy importante. En estos momentos, todo puede parecerte confuso, nada claro. Y eso es porque no te tomas el tiempo de comunicarte con tu propio yo. Siéntate en lugares tranquilos y escucha tus pensamientos. Así, recibirás informaciones importantes y conseguirás crear un nuevo diálogo interior.

3. Tómate el tiempo de conocerte. Hace algún tiempo que te comportas como por mimetismo. Eres lo que los demás son y esperan de ti. Estás tomando un camino que no es el tuyo y no consigues encontrar tu propia felicidad. Atrévete a descubrirla. Atrévete a comprender tus necesidades y a escuchar tus sueños. Así avanzarás de otra forma.

4. Atrévete a dar el primer paso. Es posible que ahora te encuentres en una fase de espera que te genera una gran frustración, porque no ocurre nada. Tienes la impresión de que los días pasan uno tras otro sin que nada cambie y el aburrimiento domina tu ánimo. Atrévete a moverte y a cambiar. Así conseguirás comenzar nuevos y emocionantes capítulos en tu vida.

5. Es posible que en este momento te asalten todas las dudas del mundo. Sientes que no puedes tomar decisiones por y para ti mismo. Tómate tu tiempo para escribir tus dudas y escuchar tu diálogo interior. Esto te ayudará a tomar conciencia de las distintas oportunidades que se te presentan y a propiciar muchos cambios.

⤙ Introspección ⤚

Colócate en un lugar tranquilo. Responde a las preguntas siguientes, tomándote el tiempo que necesites para analizarlas todas.

¿Qué es lo que no consigues terminar?

. . . .

. . . .

. . . .

¿Desde cuándo?

. . . .

. . . .

. . . .

¿Qué excusas pones para no terminar lo que has empezado?

. . . .

. . . .

. . . .

¿Esas excusas te sirven realmente para justificar tu inacción? ¿Por qué?

. . . .

. . . .

. . . .

¿Qué te asusta del cambio?

. . . .

. . . .

. . . .

¿Por qué te tranquiliza tu zona de confort?

. . . .

. . . .

. . . .

¿Qué puedes hacer para propiciar el cambio?

. . . .

. . . .

. . . .

Tómate tu tiempo para escribir tus sensaciones y tus reflexiones personales e interiores.

Cuando hayas terminado, pregúntate qué quieres conseguir. Anota todos los proyectos que te apetece emprender.

. . . .

. . . .

. . . .

. . . .

. . . .

. . . .

. . . .

. . . .

. . . .

. . . .

Luego, escribe todas las acciones necesarias para llevar a cabo estos proyectos.

. . . .

. . . .

. . . .

. . . .

. . . .

. . . .

. . . .

. . . .

. . . .

. . . .

Cuando hayas escrito estas acciones, numéralas según lo lejos que te saquen de tu zona de confort. La primera acción será la que menos te saque de tu zona de confort; la segunda, la que te saque un poco más de ella, y así sucesivamente.

El ejercicio de la burbuja

Concéntrate en la burbuja. Esta es tu zona de confort, de autosabotaje. Escribe todo lo que te aporta tranquilidad en tu zona de confort.

Para entender cómo te da seguridad, cierra los ojos e inspira y espira profundamente varias veces.

Lee las siguientes frases y comprueba cuál de ellas coincide más con lo que sientes.

- Siento que tengo todo bajo control.
- Me mantengo dentro de mi ámbito de conocimiento.
- Me permite mantener el papel que me he asignado.
- Mantengo un vínculo con el pasado.
- Me permite descubrir cosas de mí que quizá no me gusten.

Escribe en la burbuja todo lo que esto hace aflorar en ti.

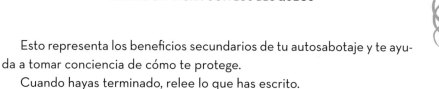

Esto representa los beneficios secundarios de tu autosabotaje y te ayuda a tomar conciencia de cómo te protege.

Cuando hayas terminado, relee lo que has escrito.

Después, alrededor de la burbuja, escribe las acciones que quieres emprender para salir del autosabotaje.

Dedica unos minutos a leer lo que has escrito.

¿Qué sientes?

. . . .

. . . .

. . . .

. . . .

Cuando hayas terminado con el dibujo, rellena la siguiente tabla.

Al hacerlo, te comprometes a llevar a cabo estas acciones dentro de los plazos que te hayas fijado.

Acción	Momento para llevarla a cabo	Sentimientos al llevarla a cabo	Lecciones aprendidas	Resultados

Vuelve a esta tabla periódicamente para completar la columna «Resultados» y «Lecciones aprendidas»; de esta manera, serás consciente de tus progresos y tus logros.

2. La repetición de patrones

Es posible que te sientas bloqueado en una repetición de patrones.

¿Y qué es eso? Pues un ciclo que se repite en bucle, a pesar de que estés en contacto con distintas personas y en distintos lugares y de que intentes poner en práctica distintas acciones.

La repetición de patrones resulta tranquilizadora, porque te da la sensación de tener el control.

Te mantiene en una zona de confort que, aunque sea de bloqueo, te tranquiliza porque te resulta familiar.

Los ánimos de tu guía

Cuentas con el apoyo de tu guía para este trabajo con las sombras (tu guía puede ser tu alma, tu ángel de la guarda, tu animal tótem, etc., dependiendo de tus creencias).

Concéntrate en tu guía y deja que te venga un número entre 1 y 5.

Lee el mensaje asociado. Es una ayuda para tu trabajo con las sombras.

1. Es posible que en estos momentos te falte comprensión respecto a tu propia persona. Te obligas a asumir un papel y puedes ser muy crítico cuando no estás a la altura. Sientes que haces las cosas mal y te impones nuevas obligaciones. Toma distancia de tu propio ser y sé consciente de tus necesidades reales; te ayudará a comprender cosas importantes sobre ti.

2. Estás creando una nueva armonía interior, y queremos que te sientas orgulloso de ti. Has iniciado un largo viaje hacia tu interior, que puede haber sido muy arduo. Muchas veces has querido volver a tu zona de confort, pero no lo has hecho. Así que siéntete orgulloso de lo que has conseguido y mantén el impulso. Te ayudará a descubrir cosas muy bellas y luminosas.

3. No dejes que sea tu mente quien te guíe. Su objetivo es que las cosas no cambien nunca. Cuanto más la escuches, más tendencia habrá al inmovilismo en ti y a tu alrededor. Recuerda que eres un ser con energías en movimiento, que vive en un

mundo en movimiento. Necesitas cambios. Deja espacio para tus propios pensamientos. Podrás así tomar decisiones muy importantes.

4. En este momento, puede que el cuerpo te pida tomar decisiones muy rotundas, pero eso no es necesariamente lo que te conviene. Concéntrate más bien en el compromiso. Esto te permitirá cambiar las cosas con gentileza y amabilidad, descubrir a tu yo interior y centrarte en lo que es realmente importante para ti.

5. Sé consciente de que tu intuición te está hablando en este momento, guiándote para que descubras nuevas prioridades y objetivos. Has cambiado y tus rutinas también tienen que cambiar. Confía en tus sentimientos y podrás crear un nuevo ambiente por dentro y por fuera. Todo va a salir bien.

∽ Introspección ∾

Siéntate en un lugar tranquilo y responde a las siguientes preguntas, tomándote el tiempo que necesites para analizarlas todas.

¿Qué es eso que se repite una y otra vez en tu vida personal? ¿Por qué?

. . . .

. . . .

. . . .

¿En qué sentido te aporta cierta seguridad?

....
....
....

¿Qué es eso que se repite una y otra vez en tu vida profesional? ¿Por qué?

....
....
....

¿En qué sentido te aporta cierta seguridad?

....
....
....

¿Qué es eso que se repite una y otra vez en tu vida material? ¿Por qué?

....
....
....

¿En qué sentido te aporta cierta seguridad?

....
....
....

¿Qué es eso que se repite una y otra vez en tu vida espiritual? ¿Por qué?

. . . .

. . . .

. . . .

¿En qué sentido te aporta cierta seguridad?

. . . .

. . . .

. . . .

¿Qué es eso que se repite una y otra vez en tu relación con tu propio yo? ¿Por qué?

. . . .

. . . .

. . . .

¿En qué sentido te aporta cierta seguridad?

. . . .

. . . .

. . . .

Tómate tu tiempo para reflexionar y escribir tus sensaciones y pensamientos personales.

La escala de beneficios secundarios

A continuación, evalúa en cada ámbito la fortaleza del beneficio secundario (el efecto positivo de una situación negativa).

Dale una puntuación entre 0 y 10.

SENTIRME EN UN AMBIENTE SEGURO

0 . . . .→ 10

NECESIDAD DE TENERLO TODO BAJO CONTROL

0 . . . .→ 10

MIEDO AL CAMBIO

0 . . . .→ 10

MIEDO A LO DESCONOCIDO

0 . . . .→ 10

MIEDO A LA PÉRDIDA

0 . . . .→ 10

¿Qué conclusiones sacas de estas escalas? ¿Qué te dice esto sobre ti? Pregúntate qué necesitas en cada ámbito de tu vida.

En la tabla siguiente, anota las tres necesidades principales de cada uno de los aspectos.

Mis necesidades para mi vida personal	Mis necesidades para mi vida profesional	Mis necesidades para mi vida material	Mis necesidades para mi vida espiritual	Mis necesidades para la relación con mi yo interior

Cuando hayas terminado, escribe las tres acciones que vas a emprender en cada ámbito.

Acciones para mi vida personal	Acciones para mi vida profesional	Acciones para mi vida material	Acciones para mi vida espiritual	Acciones para la relación con mi yo interior

A continuación, llevarás un registro de tus sentimientos (en el cuaderno que figura al final del capítulo).

Comprométete a llevar a cabo estas acciones y anota cómo te sientes.

¿Qué te dice esto sobre ti?

. . . .

. . . .

. . . .

3. La dualidad

La dualidad es la coexistencia de dos patrones de relación, funcionamiento y pensamiento, que son opuestos pero que tienen sentido.

Cuando la dualidad domina tu mente, tienes la sensación de que has llegado a un callejón sin salida y no consigues avanzar.

Tes ves incapaz de tomar decisiones y sientes que no sabes lo que quieres ni quién eres.

Los ánimos de tu guía

Cuentas con el apoyo de tu guía para este trabajo con las sombras (tu guía puede ser tu alma, tu ángel de la guarda, tu animal tótem, etc., dependiendo de tus creencias).

Concéntrate en tu guía y deja que te venga un número entre 1 y 5. Lee el mensaje asociado. Es una ayuda para tu trabajo con las sombras.

1. Sientes la obligación de mantener muchas cosas en secreto y que hay partes horribles de ti que los demás no pueden entender. Pero no es verdad. Tienes derecho a compartir lo que sientes y lo que piensas. Vas a recibir mucho apoyo, y eso te va a ayudar a superar esta fase complicada.

2. Atrévete a confiar en tus ideas. Eres una persona muy creativa, pero puedes censurarte. Tienes la impresión de que no tienes tiempo o de que no eres capaz. Pero no es verdad. Atrévete a confiar en tus ideas y tus proyectos. Así conseguirás crear una nueva relación con tu propio yo y avanzar hacia grandes tesoros interiores.

3. Estás cambiando profundamente la relación que mantienes tanto con tu propio ser como con los demás. Este proceso te permitirá modificar las relaciones existentes, dar cabida a nuevos encuentros y conectar con los demás de otra manera. No cejes en el empeño. Vivirás experiencias maravillosas y compartirás muchos momentos felices.

4. Confía en tus pensamientos. Ahora mismo puede que te gane el retraimiento, pero eso es porque estás dejando que te guíen

pensamientos bloqueantes. Todos los días repites frases negativas que te atrapan en una energía de pesimismo y fatalismo. Pero tú no eres así. Atrévete a tener pensamientos positivos: te darán la energía necesaria para hacer que las cosas sucedan.

5. En este momento, no te concedes ni un minuto de descanso. Esto genera mucha tensión y sientes que persigues un objetivo que no puedes alcanzar. Tómate un tiempo para respirar profundamente y calmar tus energías, distanciarte de los acontecimientos que estás viviendo y decidir con más calma.

∾ Introspección ∾

Colócate en un lugar tranquilo. Responde a las preguntas siguientes, tomándote el tiempo que necesites para analizarlas todas.

¿Tienes pensamientos interiores enfrentados entre sí?

. . . .

. . . .

. . . .

¿Cuánto dura ya esta confrontación?

. . . .

. . . .

. . . .

¿Y cuáles son sus consecuencias?

. . . .

. . . .

. . . .

¿Por qué no puedes superar esta dualidad?

. . . .

. . . .

. . . .

Tómate tu tiempo para reflexionar sobre tus sensaciones y pensamientos interiores.

Sí/no

Para comprender el origen de esta dualidad, te invito a responder sí o no a estas preguntas y anotar lo que te evocan.

Es habitual que sean varios los elementos detrás de una dualidad.

Acabas de iniciar un trabajo interior: sí/no
¿En qué te hace pensar?

. . . .

. . . .

. . . .

Acabas de tomar conciencia de cosas importantes: sí/no
¿En qué te hace pensar?

. . . .

. . . .

. . . .

La dualidad es un hábito de vida y de funcionamiento: sí/no
¿En qué te hace pensar?

. . . .

. . . .

. . . .

Tienes miedo al fracaso: sí/no
¿En qué te hace pensar?

. . . .

. . . .

. . . .

Tienes miedo a decepcionar a tu familia: sí/no
¿En qué te hace pensar?

. . . .

. . . .

. . . .

Tienes miedo a la pérdida: sí/no
¿En qué te hace pensar?

. . . .

. . . .

. . . .

Tienes miedo a sentir insatisfacción a largo plazo: sí/no
¿En qué te hace pensar?

. . . .

. . . .

. . . .

Tienes miedo al juicio y la crítica de los demás: sí/no
¿En qué te hace pensar?

. . . .

. . . .

. . . .

Tienes miedo a perder una oportunidad mejor por tomar una decisión: sí/no
¿En qué te hace pensar?

. . . .

. . . .

. . . .

Tienes miedo al cambio: sí/no

¿En qué te hace pensar?

. . . .

. . . .

. . . .

¿Qué te dice esto sobre ti?

. . . .

. . . .

. . . .

Para crear una nueva relación con la dualidad, vas a escribir la carta de la elección. Es una carta de ti para ti.

Colócate en un lugar tranquilo.

Piensa en las decisiones que quieres tomar.

✧ *La carta de la elección* ✧

Aquí tienes una plantilla para esta carta; escríbela a tu ritmo.

1. *Lo que quiero:* . . . .

. . . .

. . . .

. . . .

2. *Los recursos de que dispongo:* . . . .

. . . .

. . . .

. . . .

3. *La ayuda que necesito:* . . . .

. . . .

. . . .

. . . .

4. *Los riesgos que me permito correr:* . . . .

. . . .

. . . .

. . . .

5. *El tiempo que me doy:* . . . .

. . . .

. . . .

. . . .

6. *Las medidas que tomo:* . . . .

. . . .

....

....

7. El mantra que creo para motivarme: ....

....

....

....

Cuando termines la carta, tómate tu tiempo para leerla inspirando y espirando profundamente.

¿Qué sientes?

....

....

....

LAS SOMBRAS DEL PENSAMIENTO

Somos seres pensantes. Mientras estamos despiertos, tenemos al menos un pensamiento por segundo, la mayoría de los cuales son inconscientes y surgen de nuestras experiencias. No tenemos ningún control sobre ellos y llegan en contra de nuestra voluntad, pero podemos decidir a cuáles queremos escuchar.

Para crear un equilibrio con las sombras del pensamiento, es muy importante dejar pasar los pensamientos que no nos convienen y concentrarnos en los pensamientos positivos y constructivos.

Las sombras del pensamiento
son las creencias limitantes, el síndrome del impostor
y el dark passenger.

Vamos a trabajar en ello.

1. Las creencias limitantes

Una creencia limitante es un pensamiento a menudo negativo que no es producto de nuestra psique, sino que proviene del mundo que nos rodea. Muchas creencias limitantes son producto de mandatos sociales, familiares, amistosos y profesionales, que nos obligan a ser y hacer cosas que no se ajustan a nuestras necesidades.

Nos alejan de nuestra identidad y de nuestros verdaderos valores.

Los ánimos de tu guía

Cuentas con el apoyo de tu guía para este trabajo con las sombras (tu guía puede ser tu alma, tu ángel de la guarda, tu animal tótem, etc., dependiendo de tus creencias).

Concéntrate en tu guía y deja que te venga un número entre 1 y 5. Lee el mensaje asociado. Es una ayuda para tu trabajo con las sombras.

1. Tienes una gran capacidad de concentración y acción. Una vez que has decidido poner algo en marcha, no hay quien te pare. Confía en esta capacidad y podrás emprender grandes proyectos y motivarte para lograr cosas extraordinarias. Eres capaz de dar pasos de gigante en poco tiempo.

2. No puedes hacerlo todo por tu cuenta. En este momento, quieres lograrlo todo y cambiarlo todo sin ayuda, pero eso es imposible.

No es que seas débil, pero es que estás ante un proyecto muy ambicioso y necesitas que te echen una mano para llevarlo a cabo. Atrévete a pedir ayuda. Así podrás preservar tus recursos y avanzar con menos fricciones.

3. Estás en medio de una energía de imprevistos. Esto no quiere decir que te aceche la fatalidad ni que todo esté abocado a un destino trágico. Recuerda que el mundo exterior es impermanente e incontrolable. Hay momentos de paz y momentos en los que las cosas se complican más. Consolida tus cimientos internos para superar estas dificultades externas y podrás experimentar grandes cosas.

4. Atrévete a mirar dentro de ti. Quizá te resulte muy difícil hacerlo. Te asusta explorar todas las partes de tu ser, porque tienes la impresión de que todo es oscuro. Pero no es verdad. Atrévete a despertar lo que yace dormido en tu interior. Te aportará grandes revelaciones interiores y te ayudará a darte cuenta de lo lejos que has llegado.

5. No tienes que luchar para conseguir lo que quieres. No tienes que perder para ganar. No tienes que sufrir para encontrar la felicidad. Deja atrás estas creencias limitantes y podrás avanzar más ligero de carga. Además, serás capaz de crear aquello que es importante para ti respetando tus recursos y tus límites.

ꙮ Introspección ꙮ

Siéntate en un lugar tranquilo y responde a las siguientes preguntas, tomándote el tiempo que necesites para analizarlas todas.

¿Tienes miedo de tus propios pensamientos? Si es así, ¿cuál es el motivo?

. . . .

. . . .

. . . .

¿Te tomas el tiempo necesario para cuestionar lo que ves u oyes? ¿Por qué?

. . . .

. . . .

. . . .

¿Tienes el hábito de pararte a reflexionar? ¿Te viene bien? ¿Por qué?

. . . .

. . . .

. . . .

Colócate en un lugar tranquilo. Inspira y espira profundamente. Vas a hacer una lista de todos los pensamientos que te vienen regularmente a la mente de la siguiente forma:

- frases impersonales, sin sujeto explícito (por ejemplo: «me han dicho que»);
- frases que empiezan por «nadie» o «todo el mundo» (por ejemplo: «nadie hace eso»);
- frases que contienen las palabras «siempre» o «nunca» (por ejemplo: «nunca tengo suerte»);

- frases que contienen las palabras «demasiado» o «no... lo suficiente» (por ejemplo: «no soy lo suficientemente interesante para que me aprecien»);
- frases que contienen la palabra «imposible» (por ejemplo: «me resulta imposible»).

Cuando hayas terminado, relee cada frase y, con honestidad y sinceridad, anota si es verdadera o falsa. Especifica el contexto de esta creencia limitante y valora su fortaleza en una escala de 0 a 10 (0 para nada fuerte y 10 para muy fuerte).

Me han dicho que...

. . . .

0 . . . .→ 10

Toda la gente...

. . . .

0 . . . .→ 10

Nadie...

. . . .

0 . . . .→ 10

Yo siempre he...

. . . .

0 . . . .→ 10

Yo nunca he...

. . . .

0 . . . .→ 10

No tengo suficiente...

....

o ....→ 10

Es imposible...

....

o ....→ 10

Explica en cada caso por qué la frase es real o no. Puedes anotar recuerdos o experiencias que justifiquen estas relaciones. Tómate el tiempo que necesites para hacerlo.

....

....

....

....

....

....

....

....

....

....

....

Cuando hayas terminado, escribe una nueva frase para cada una.

Esta frase tiene que ser positiva y basarse en lo que has aprendido de tus experiencias.

Frases con «siempre».
Nueva frase:

. . . .

Frases con «nadie» o «todo el mundo».
Nueva frase:

. . . .

Frases con «siempre» o «nunca».
Nueva frase:

. . . .

Frases con «demasiado» o «no lo suficiente».
Nueva frase:

. . . .

Frases con «imposible».
Nueva frase:

. . . .

A continuación, lee cada frase positiva, inspirando y espirando profundamente, respirando hondo en cada una de ellas. ¿Qué sientes?

. . . .

. . . .

. . . .

2. El síndrome del impostor

El síndrome del impostor es la sensación de percibirse ilegítimo o indigno para vivir o hacer algo. También se traduce en un gran miedo a decepcionar a los demás y no sentirse merecedor de lo que se es, se tiene y se hace.

Guiados por el síndrome del impostor, tenemos la impresión de que nuestros éxitos y victorias se deben a la suerte, al azar, a otras personas o al mundo exterior.

Además, tenemos el convencimiento de que solo es cuestión de tiempo que nos desenmascaren y los demás se den cuenta de nuestra falsedad e incompetencia.

El síndrome del impostor genera una gran ansiedad, que nos impide sentir gratitud y disfrutar del momento presente.

Los ánimos de tu guía

Cuentas con el apoyo de tu guía para este trabajo con las sombras (tu guía puede ser tu alma, tu ángel de la guarda, tu animal tótem, etc., dependiendo de tus creencias).

Concéntrate en tu guía y deja que te venga un número entre 1 y 5. Lee el mensaje asociado. Es una ayuda para tu trabajo con las sombras.

1. Necesitas calma y espacios grandes. En este momento, puede que te sientas perdido, tanto dentro como fuera de ti. No entiendes nada. Y eso es porque tienes demasiadas cosas alrededor. Tu cuerpo te está pidiendo silencio, y que respires. En cuanto puedas, escápate al campo. Vete a andar por la naturaleza. Escucharás así tu intuición y tus pensamientos y podrás trabajar de verdad con tu interior.

2. Pones todos tus esfuerzos en conseguir la actitud perfecta. Y así, lo único que consigues es una autocensura. No te muestras tal y como eres y puedes llegar a crear una falsa personalidad. Compórtate de una forma realmente espontánea. Si lo haces, saldrá a relucir tu verdadera personalidad, reafirmarás tu marco de referencia y conectarás con los demás de una forma diferente.

3. Llevas toda la vida escuchando «escóndete de los demás». Una parte de ti ha crecido con la impresión de que los otros siempre te miran con mala intención y de que irán a por ti en cuanto puedan. Y no es justo. Deja de esconderte y muéstrate tal y como eres. Disfrutarás de magníficos momentos en compañía de otras personas. Y, además, te vas a quitar un enorme peso de encima.

4. En este momento, es posible que te apetezca emprender nuevos y ambiciosos proyectos. Pero no te animas a dar el paso y sigues esperando. Tratas de convencerte diciéndote que no es el momento adecuado y que tienes que prepararte más. Pero no es verdad. Te rodean maravillosas oportunidades para hacer realidad eso que estás buscando. Atrévete a actuar desde ya. Todo va a salir bien.

5. En este momento, puede que estés paralizado por el miedo a la privación material. Quieres cambiar, tienes ganas de descubrir a tu yo interno, pero tienes la impresión de que esto repercutirá negativamente en tu vida material. Pero no es verdad. No entras en una energía de carencia. Atrévete a crear este camino de descubrimiento interior y podrás disfrutar de hermosos momentos.

⁓ Introspección ⁓

Siéntate en un lugar tranquilo y responde a las siguientes preguntas, tomándote el tiempo que necesites para analizarlas todas.

Lee las frases siguientes y pregúntate si se aplican o no a tu caso.

En caso afirmativo, responde a las preguntas asociadas. Esto te ayudará a tomar conciencia del poder del síndrome del impostor en tus energías y en tu vida.

1. Tengo mucha ansiedad, que me paraliza cuando pienso en mis logros personales. (Sí/no)

¿En relación con qué te entra esa ansiedad?

. . . .

. . . .

. . . .

¿Cada cuánto te pasa y en qué grado?

. . . .

. . . .

. . . .

¿Qué haces cuando estás sufriendo esa ansiedad?

. . . .

. . . .

. . . .

2. Tengo la impresión de que las cosas negativas son siempre culpa mía. (Sí/no)

¿Cuáles son esas cosas negativas?

. . . .

. . . .

. . . .

¿En qué ámbito se encuentran?

. . . .

. . . .

. . . .

¿Qué haces cuando aparecen esos sentimientos?

. . . .

. . . .

. . . .

3. Nunca me siento orgulloso de algo que he conseguido. (Sí/no) ¿En qué ámbitos de la vida te pasa?

. . . .

. . . .

. . . .

¿Qué te dices en lugar de felicitarte por tus logros?

. . . .

. . . .

. . . .

¿Qué sentimientos te aporta?

. . . .

. . . .

. . . .

¿Qué haces cuando están presentes?

. . . .

. . . .

. . . .

4. No me permito comportarme tal y como soy delante de los demás. (Sí/no)

¿En qué ámbitos de la vida te pasa?

....

....

....

¿Qué muestras a los demás en lugar de mostrar quién eres?

....

....

....

¿Cuáles son tus sensaciones en ese momento?

....

....

....

¿Qué haces para ocultar tu verdadera identidad?

....

....

....

5. Siempre resto importancia a mis logros. (Sí/no)
¿En qué ámbitos de la vida te pasa?

....

....

....

¿Qué te dices cuando minimizas tus logros?

....

....

....

¿Cuáles son tus sensaciones en ese momento?

....

....

....

¿Cuáles son tus emociones en ese momento?

....

....

....

6. Siempre reviso varias veces lo que hago y lo que digo. (Sí/no)
¿En qué ámbitos de la vida te pasa?

....

....

....

¿Cuáles son tus sensaciones en ese momento?

....

....

....

¿Por qué te sientes obligado a hacerlo?

....

....

....

7. Me comparo con los demás con demasiada frecuencia. (Sí/no)
¿En qué ámbitos de la vida te pasa?

....

....

....

¿Con qué personas te comparas?

....

....

....

¿Cuáles son tus sensaciones en ese momento?

....

....

....

¿Qué medidas tomas cuando te comparas con los demás?

....

....

....

8. Siempre creo que los demás son más competentes que yo. (Sí/no)
¿En qué ámbitos de la vida te pasa?

. . . .

. . . .

¿Te pasa con frecuencia?

. . . .

. . . .

. . . .

¿Cuáles son tus sensaciones en ese momento?

. . . .

. . . .

. . . .

¿Qué pensamientos tienes en ese momento?

. . . .

. . . .

. . . .

9. No consigo pedir ayuda. (Sí/no)
¿En qué ámbitos de la vida te pasa?

. . . .

. . . .

. . . .

¿Por qué no consigues pedir ayuda?

. . . .

. . . .

. . . .

¿A quién puedes pedir ayuda?

. . . .

. . . .

. . . .

¿Cómo te sientes cuando necesitas ayuda?

. . . .

. . . .

. . . .

10. Soy muy autoexigente. (Sí/no)
¿En qué ámbitos de la vida te pasa?

. . . .

. . . .

. . . .

¿Cuáles son tus sensaciones en ese momento?

. . . .

. . . .

. . . .

¿Cuáles son tus pensamientos en ese momento?

. . . .

. . . .

. . . .

¿Qué medidas estás tomando en relación con esta exigencia?

. . . .

. . . .

. . . .

Tómate tu tiempo para reflexionar y escribir tus sensaciones y pensamientos interiores.

Recuerda que un bloqueo no aparece por casualidad, sino para protegernos.
Para protegerte.
Responde a las preguntas siguientes para comprender los beneficios secundarios del síndrome del impostor.

1. ¿Necesitas protegerte ante la crítica de los demás? (Sí/no)
El síndrome del impostor puede provocar que seas muy crítico con tu propia persona y compartas esa opinión con los demás en un intento de recibir elogios y consuelo a cambio.
¿Qué necesitas escuchar de los demás?

. . . .

. . . .

. . . .

¿Qué palabras temes de los demás?

....

....

....

¿Cómo respondes a las críticas?

....

....

....

2. ¿Tienes aversión a tu vida cotidiana? (Sí/no)
   El síndrome del impostor puede bloquearte en el pasado.
   Si te pasa eso, te centras en tus fracasos o experiencias ya vividos y no disfrutas plenamente del momento presente.

¿De qué huyes en tu vida cotidiana?

....

....

....

¿Por qué tienes miedo a vivir el momento?

....

....

....

¿Qué es lo que no te gusta de hoy?

....

....

....

3. ¿Rechazas tu propia libertad? (Sí/no)

El síndrome del impostor puede mantenerte encadenado y, aunque es una idea a priori desagradable, puede resultar tranquilizadora porque te impide ser completamente libre. Te mantiene en una zona de confort en la que no tienes que tomar decisiones por tu cuenta y en la que no te arriesgas a cometer errores.

¿Cuáles son los errores que te asustan?

. . . .

. . . .

. . . .

¿Por qué tienes miedo a tu propia libertad?

. . . .

. . . .

. . . .

¿Por qué temes tu independencia?

. . . .

. . . .

. . . .

Tómate tu tiempo para reflexionar y escribir tus sensaciones y pensamientos interiores.

Cuando hayas terminado, vuelve a leer todo lo que has escrito y anota los tres puntos más importantes, los tres datos que se repiten más. A continuación, para cada dato, enumera tres medidas que te comprometes a tomar para dejar de guiarte por el síndrome del impostor.

DATO IMPORTANTE   N.º 1
LAS TRES ACCIONES QUE VOY A CONSEGUIR

- ....

- ....

- ....

DATO IMPORTANTE   N.º 2
LAS TRES ACCIONES QUE VOY A CONSEGUIR

- ....

- ....

- ....

DATO IMPORTANTE   N.º 3
LAS TRES ACCIONES QUE VOY A CONSEGUIR

- ....

- ....

- ....

3. El dark passenger

El *dark passenger* es la voz directa de tus sombras. Es la voz de tus sufrimientos.

Es el mensajero de tus mayores angustias y miedos.

Si te merodea el *dark passenger*, todo tu ser se pone en alerta. Tienes la impresión de que solo te rodean cosas negativas y tus pensamientos se vuelven fríos y pesimistas.

Los ánimos de tu guía

Cuentas con el apoyo de tu guía para este trabajo con las sombras (tu guía puede ser tu alma, tu ángel de la guarda, tu animal tótem, etc., dependiendo de tus creencias).

Concéntrate en tu guía y deja que te venga un número entre 1 y 5. Lee el mensaje asociado. Es una ayuda para tu trabajo con las sombras.

1. Te rodea una energía de concreción muy importante. Demuestra coraje y perseverancia y dalo todo. Esto te permitirá ver resultados rápidamente. Atrévete a confiar en tu capacidad de acción. Todo va a salir bien. Podrás disfrutar de experiencias increíbles.

2. Estás cambiando una situación que ya está presente en tu vida. Has querido detenerla o has esperado a que el mundo exterior la cambiara. Te has dado cuenta de que no pasaba nada y has tomado cartas en el asunto. Siente orgullo de ti por haber tomado la iniciativa. Conseguirás cambiar las cosas y eso te proporcionará nuevas experiencias positivas, que te harán mucho bien.

3. En este momento, no te atreves a dar el primer paso. Te dejas intimidar por las energías del mundo exterior y temes no estar a la altura. Es una falsa creencia. Hazte valer y atrévete a dar el primer paso. Vas a descubrirte ante ti y ante los demás y podrás disfrutar de hermosos momentos.

4. En este momento, lo das todo por los demás. Movilizas tus recursos para que todos estén bien y te olvidas por completo de tu persona. Sientes que no puedes más y, encima, los demás no te miran o no te tienen en cuenta. Eso es porque has asumido el papel de salvador. Libérate de esa función y conseguirás establecer nuevas formas de relación con ellos.

5. Has conseguido crear un nuevo equilibrio energético que te permite relacionarte con tu persona con honestidad y sinceridad y abrir todas tus puertas interiores. Confía en tus energías y podrás crear un diálogo interior positivo e imponerte el reto de cambiar tu día a día y todas las cosas que ya no te convienen.

∽ Introspección ∽

Siéntate en un lugar tranquilo y responde a las siguientes preguntas, tomándote el tiempo que necesites para analizarlas todas.

¿Cuándo oyes a tu *dark passenger*?

....

....

....

¿Cuáles son tus sensaciones en ese momento?

....

....

....

¿Qué frases o palabras repite más?

....

....

....

¿Qué fracasos te recuerda?

....

....

....

¿En qué partes del cuerpo sientes tensión?

. . . .

. . . .

. . . .

¿Qué sufrimiento reactiva?

. . . .

. . . .

. . . .

¿Qué haces cuando tu *dark passenger* está presente?

. . . .

. . . .

. . . .

¿Qué haces para aplacar esos sentimientos?

. . . .

. . . .

. . . .

¿Qué te ayuda a silenciar a tu *dark passenger*?

. . . .

. . . .

. . . .

¿A quién necesitas?

. . . .

. . . .

. . . .

Tómate tu tiempo para reflexionar y escribir tus sensaciones y pensamientos personales e interiores.

¿Qué te dice esto sobre ti?

. . . .

. . . .

. . . .

El *dark passenger* que te acompaña no tiene intención de hacerte daño, sino de protegerte. Existe para que sientas seguridad.

Vamos a ver de qué necesitas protegerte.

Si tu *dark passenger* es fuerte, es porque has crecido con mucho sufrimiento. Te viste en la obligación de construirte en la oscuridad.

Para saber de qué te estás protegiendo, responde a las siguientes preguntas.

∽ Sí o no ∾

1. **La protección ante la felicidad**

¿Tienes miedo de la felicidad? (Sí/no)
¿Por qué?

. . . .

. . . .

. . . .

¿Tienes miedo a la serenidad? (Sí/no)
¿Por qué?

. . . .

. . . .

. . . .

¿Tienes miedo al amor? (Sí/no)
¿Por qué?

. . . .

. . . .

. . . .

Tómate tu tiempo para reflexionar y escribir tus sensaciones y pensamientos interiores.

. . . .

. . . .

. . . .

. . . .

2. La protección ante el mundo exterior

¿Te sientes a menudo en peligro? (Sí/no)

¿Por qué?

. . . .

. . . .

. . . .

¿Tienes miedo a tener miedo? (Sí/no)

¿Por qué?

. . . .

. . . .

. . . .

¿Tienes miedo a los sucesos imprevistos? (Sí/no)

¿Por qué?

. . . .

. . . .

. . . .

Tómate tu tiempo para reflexionar y escribir tus sensaciones y pensamientos interiores.

. . . .

. . . .

. . . .

. . . .

3. **La protección ante los demás**

¿Tienes miedo a mostrarte tal y como eres? (Sí/no)
¿Por qué?

. . . .

. . . .

. . . .

¿Tienes miedo a mostrar tu vulnerabilidad? (Sí/no)
¿Por qué?

. . . .

. . . .

. . . .

¿Tienes miedo a las relaciones positivas? (Sí/no)
¿Por qué?

. . . .

. . . .

. . . .

Tómate tu tiempo para reflexionar y escribir tus sensaciones y pensamientos interiores.

. . . .

. . . .

. . . .

. . . .

Cuando hayas terminado, relee lo que has escrito.
¿Qué te dice esto sobre ti?

. . . .

. . . .

. . . .

. . . .

. . . .

¿Cuáles son tus diez propósitos para dar cabida a un nuevo diálogo interior?

Mis diez propósitos para crear un diálogo interior positivo:

1. . . . .

2. . . . .

3. . . . .

4. . . . .

5. . . . .

6. . . . .

7. . . . .

8. . . . .

9. . . . .

10. . . . .

Para crear una nueva relación con tu *dark passenger,* tienes que dejar que fluya a través de ti y que se exprese, sin que por ello tengas que escucharlo ni seguir sus consejos.

Cuanto más trates de evitarlo, más fuerte le estarás haciendo.

Puedes dedicar un cuaderno entero a este ejercicio si lo deseas y si tu *dark passenger* es fuerte.

Necesitas una página doble. En la primera, escribe las palabras de tu *dark passenger.* No juzgues lo que escribas. Anota todo lo que oigas y sientas en su presencia.

Para escribir en la segunda página, tienes que esperar a un momento en que tu *dark passenger* esté ausente; es decir, cuando mantengas un diálogo interior positivo. Explica por qué tu *dark passenger* no tiene razón y contradícelo. Cita todas las experiencias y pensamientos en las que te apoyas para demostrar que está equivocado. Cuando tu *dark passenger* vuelva a hablarte, relee las páginas del diálogo interior positivo inspirando y espirando profundamente.

Esto te ayudará a dejar que su presencia fluya a través de ti.

La página del dark passenger	La página del diálogo interior positivo

Cuando hayas terminado, vas a escribir una carta dirigida a tu propia persona.

Es una carta de felicitación de ti para ti.

La carta de felicitación

Aquí tienes una plantilla para esta carta; escríbela a tu ritmo.

1. *Estas son mis cualidades:* . . . .

. . . .

. . . .

. . . .

2. *Estos son los logros que he conseguido:* . . . .

. . . .

. . . .

. . . .

3. *Esta es mi evolución personal:* . . . .

. . . .

. . . .

. . . .

4. *Estos son mis cuestionamientos:* . . . .

. . . .

. . . .

. . . .

5. *Esto es todo lo positivo que hay en mí:* . . . .

. . . .

. . . .

. . . .

6. *Me felicito por:* . . . .

. . . .

. . . .

. . . .

Cuando hayas terminado esta carta, léela de nuevo, inspirando y espirando profundamente.

¿Cuáles son tus sentimientos?

. . . .

. . . .

. . . .

. . . .

. . . .

. . . .

. . . .

LAS SOMBRAS DE LA HUIDA

Puedes huir de ti. Puedes huir de algunas partes de tu ser, de tus emociones, de tus pensamientos y de tus sentimientos. No huyes de ti porque seas débil o te gane la pereza.

Huyes de ti porque has crecido en un contexto donde no has podido mostrarte tal cual eras.

Huyes de ti porque te falta seguridad en tu persona. Huyes de ti porque te asusta todo lo que te rodea.

Es muy importante que veas tu huida como una lección y no como un error.

Las sombras de la huida son la huida de uno mismo y la huida de la felicidad.

1. La huida de uno mismo

Huyes de ti cuando sientes que eres un peligro para tu propia persona.

La huida de uno mismo se activa al entrar en modo de supervivencia.

Te encuentras en un entorno interno y externo que no es propicio para escuchar tus necesidades y expectativas. No tienes el espacio, ni los recursos, ni el apoyo para escucharte y encontrarte.

Lo único que puedes hacer es huir de ti, dejar atrás a tu propio ser.

Los ánimos de tu guía

Cuentas con el apoyo de tu guía para este trabajo con las sombras (tu guía puede ser tu alma, tu ángel de la guarda, tu animal tótem, etc., dependiendo de tus creencias).

Concéntrate en tu guía y deja que te venga un número entre 1 y 5. Lee el mensaje asociado. Es una ayuda para tu trabajo con las sombras.

1. Confía en tu sentido crítico. Eres seguramente una persona espiritual y crítica. Tienes derecho a dudar de lo que ves, oyes y lees. Atrévete a confiar en tu escepticismo. Te permitirá cuestionarte muchas cosas y te ayudará a crear tu propia verdad y tus propios pensamientos.

2. En los últimos seis meses han cambiado muchas cosas. Es una situación que puede resultarte perturbadora, pues se tambalean tus cimientos internos y externos. Déjate guiar por esta energía de cambio. Te llevará a conocer nuevas facetas de tu personalidad y te servirá para construir nuevas bases donde erigir tu felicidad.

3. Sientes que ya no tienes tiempo para nada. No tienes tiempo para tus sueños, para tus proyectos, para tu evolución interior. La vida no es una carrera ni una serie de hitos que tienes que superar. Tienes todo el tiempo que necesitas para crear una nueva relación con tu propio yo. Despréndete de esta creencia limitante y avanza a tu ritmo, respetando tus recursos y tus límites.

4. Demuestra perseverancia. Quizá todo te parezca complicado en este momento. Puede que estés viviendo experiencias difíciles y sientas que, a pesar de tus esfuerzos, nada cambia. Sé valiente. Saldrás de este atolladero y descubrirás cosas maravillosas sobre tu persona que te permitirán crear una nueva abundancia donde vivir plácidamente contigo y con los demás.

5. Algo te bloquea, pero no sabes qué es. Yo tengo la respuesta: es tu rutina. Cada día repites patrones de funcionamiento, pensamiento y relación que ya no te convienen y te han atrapado en una bruma de negatividad. Atrévete a modificar tu rutina y saldrás de esa energía de bloqueo para vivir apasionantes cambios.

‿ Introspección ‿

Siéntate en un lugar tranquilo y responde a las siguientes preguntas, tomándote el tiempo que necesites para analizarlas todas.

Hay algo de ti de lo que huyes: ¿qué es? ¿Por qué?

. . . .

. . . .

. . . .

¿Qué es lo que no te gusta de ti? ¿Por qué?

. . . .

. . . .

. . . .

¿Desde cuándo huyes?

. . . .

. . . .

. . . .

¿Alguien ha provocado esa huida de ti que has iniciado?

. . . .

. . . .

. . . .

. . . .

¿Quiénes son esas personas? ¿Y por qué lo hacen?

. . . .

. . . .

. . . .

¿Cómo afecta a tu vida cotidiana esta huida de tu propio yo?

. . . .

. . . .

. . . .

¿Qué te dice esto sobre ti?

. . . .

. . . .

. . . .

Tómate tu tiempo para reflexionar y escribir tus sensaciones y pensamientos interiores.

SI huyes de ti, es que estás tratando de protegerte.

∾ Sí o no ∾

Lee las siguientes frases y pregúntate si coinciden con tu forma de pensar y avanzar.

La honestidad y la sinceridad respecto a tus sentimientos son decisivas, así que aplícalas en tus respuestas. Responde a las preguntas asociadas.

1. A menudo culpo al mundo exterior de lo que va mal en mi vida. (Sí/no) Si es así, ¿por qué tienes dificultades para cuestionarte?

. . . .

. . . .

. . . .

¿Por qué tienes miedo a tu cuota de responsabilidad?

. . . .

. . . .

. . . .

¿Cuál fue el acontecimiento o la experiencia que ha generado esta dificultad para cuestionarte?

. . . .

. . . .

. . . .

2. Tengo miedo a escuchar mis emociones. (Si/no) Si es así, ¿qué emociones evitas?

. . . .

. . . .

. . . .

¿Por qué lo haces?

. . . .

. . . .

. . . .

¿A qué experiencias están vinculadas estas emociones?

. . . .

. . . .

. . . .

3. Tengo miedo de actuar por mi propio bienestar. (Sí/no) En caso afirmativo, ¿por qué la acción se considera un peligro?

. . . .

. . . .

. . . .

¿Qué quieres hacer?

. . . .

. . . .

. . . .

¿Qué te detiene realmente?

. . . .

. . . .

. . . .

Tómate tu tiempo para reflexionar y escribir tus sensaciones y pensamientos interiores.

Siéntate frente a un espejo cuando tengas un momento para ti.

Mírate a los ojos durante al menos un minuto.

Cuando hayas terminado, enumera diez cosas positivas sobre ti que te hayan venido a la mente mientras te observabas.

1. . . . .

2. . . . .

3. . . . .

4. . . . .

5. . . . .

6. . . . .

7. . . . .

8. . . . .

9. . . . .

10. . . . .

Cuando hayas terminado, vuelve a leer cada frase mientras inspiras y espiras profundamente, una gran respiración por cada fase.

¿Qué sientes?

. . . .

. . . .

. . . .

Pega una foto de carnet en una página. Mírala inspirando y espirando profundamente.

Mientras contemplas tu cara, piensa en tu pasado y escribe las tres lecciones más importantes que has aprendido de tu experiencia. La honestidad y la sinceridad respecto a tus sentimientos son decisivas, así que aplícalas en tus respuestas.

Mira otra vez la foto pensando en tu presente. Escribe tus tres mayores necesidades en este momento, aquello que es importante para ti hoy.

Mira una última vez tu foto pensando en el futuro. Escribe los tres grandes proyectos que quieres llevar a cabo.

Tu foto de carné

LAS TRES GRANDES LECCIONES DE MI PASADO

. . . .

. . . .

. . . .

LAS TRES GRANDES NECESIDADES DEL PRESENTE

. . . .

. . . .

. . . .

MIS TRES GRANDES PROYECTOS

. . . .

. . . .

. . . .

Cuando hayas terminado, relee lo que has escrito.

Escribe al menos cinco acciones que te comprometes a llevar a cabo para reencontrarte con tu propio yo y crear una nueva relación contigo.

ACCIÓN 1: . . . .

ACCIÓN 2: . . . .

ACCIÓN 3: . . . .

ACCIÓN 4: . . . .

ACCIÓN 5: . . . .

2. La huida de la felicidad

Puede que pienses que la felicidad es una búsqueda o un grial que solo puedes alcanzar tras mucho sufrimiento y trabajo duro. Nada más lejos de la realidad. No tienes que ser infeliz para encontrar la felicidad. Es un sentimiento que no se busca, sino que se crea.

La felicidad es una construcción personal que luego compartes y amplificas con el mundo exterior.

Ser feliz significa satisfacer tus necesidades respetando tus límites y viviendo plenamente el momento presente.

La felicidad no es lineal ni eterna.

Eres un ser con energías en movimiento, que vive en un mundo en movimiento.

Crear felicidad significa aceptar los momentos en los que no eres feliz. Significa aprovechar al máximo estos momentos de gracia para poder adaptarte mejor a los momentos en los que llueve.

Crear felicidad significa hacer todo lo posible con los medios que tienes a tu disposición.

Es simplemente bailar bajo la lluvia.

Los ánimos de tu guía

Cuentas con el apoyo de tu guía para este trabajo con las sombras (tu guía puede ser tu alma, tu ángel de la guarda, tu animal tótem, etc., dependiendo de tus creencias).

Concéntrate en tu guía y deja que te venga un número entre 1 y 5. Lee el mensaje asociado. Es una ayuda para tu trabajo con las sombras.

1. En este momento, es posible que te perturbe una situación concreta que acapara toda tu energía. No puedes poner la cabeza en otro sitio. No intentes huir de ella, concéntrate en ella, busca soluciones y pide ayuda si sientes que la necesitas. Esto te permitirá dejar espacio para nuevas energías y nuevos pensamientos.

2. Hoy, no tienes ganas de nada. Te invade la sensación de que ya has probado de todo, y nada te sirve. Se ha instalado en ti una especie de pesimismo que no te abandona y crece día a día. Tienes que saber que no hay un solo camino hacia la felicidad. El objetivo siempre es intentarlo. Reúne tus fuerzas para volver a intentarlo y obtendrás grandes resultados.

3. Tienes la impresión de que todo el mundo va contra ti. Parece que lo único que quieren es frenarte, quieren que fracases porque no les caes bien. Pero no es verdad. Te cuesta aceptar la amabilidad de los demás. Confía en las personas que te rodean y podrás avanzar con más calma y rapidez.

4. Es posible que en este momento estés viviendo un conflicto. Te lo guardas para ti y no te atreves a hablar porque los conflictos te paralizan. Pero tienes que verbalizarlo; a veces es necesario alzar la voz para cambiar situaciones y relaciones que ya no te convienen. Atrévete a generar un conflicto. No es necesariamente negativo. Te permite decir lo que es importante y encontrar la manera de que todo el mundo se sienta bien.

5. Tienes que tomarte un respiro respecto a la ayuda que prestas a los demás. Siempre estás ahí, a su disposición, y te estás quedando sin tiempo ni espacio para ti. Siempre estás aplazando tu

trabajo interior. Libérate de estas obligaciones y conviértete en tu prioridad. Tomarás conciencia de cosas que son realmente importantes para ti y que te ayudarán a crear tu propia felicidad.

Introspección

Siéntate en un lugar tranquilo y responde a las siguientes preguntas, tomándote el tiempo que necesites para analizarlas todas.

¿Huyes de la felicidad? ¿Desde cuándo?

. . . .

. . . .

. . . .

¿Cómo revierte esta huida en tu día a día?

. . . .

. . . .

. . . .

Para ti, ¿qué es la felicidad?

. . . .

. . . .

. . . .

¿Cuál es tu zona de confort en este momento?

. . . .

. . . .

. . . .

¿Es un espacio cómodo? Si no es así, ¿por qué?

. . . .

. . . .

. . . .

Tómate tu tiempo para reflexionar y escribir tus sensaciones y pensamientos personales.

¿Qué te dice esto?

. . . .

. . . .

. . . .

Recuerda que si huyes de la felicidad es porque intentas protegerte.

Lee estas frases.

Pregúntate si coinciden con lo que sientes y responde a las preguntas asociadas.

1. He vivido muy pocos momentos felices en mi vida. (Sí/no)
Si has crecido sin conocer la felicidad, puede parecerte un concepto extraño.
Es algo quizá ajeno a ti y, por eso, te resulta inquietante.

¿Cuándo fue la última vez que fuiste feliz?

....

....

....

¿Cuándo fue la última vez, en el presente, que fuiste feliz?

....

....

....

¿Cómo te sentiste?

....

....

....

¿Cómo disfrutas del momento presente?

....

....

....

Tómate tu tiempo para reflexionar y escribir tus sensaciones y pensamientos interiores.

....

....

....

2. Me asusta dejar de ser feliz. (Sí/no)

«Huir de la felicidad por miedo a que se escape». A veces, puedes huir de la felicidad por miedo a los sentimientos negativos que pueden asaltarte cuando se aleje de ti. Prefieres no conocerla a echarla de menos. La felicidad eterna no existe. Hay momentos en los que eres feliz y otros en los que no. Es el ciclo de la vida.

¿Cuándo fue la última vez que huiste de la felicidad?

. . . .

. . . .

. . . .

¿Cómo te sentiste en aquel momento?

. . . .

. . . .

. . . .

¿Qué pensamientos estaban más presentes?

. . . .

. . . .

. . . .

3. No me atrevo a confiar en la esperanza, me asusta mucho. (Si/no)

La esperanza es una emoción positiva que nos anima a centrarnos en el momento presente mientras visualizamos resultados que aún no se han producido y confiamos en ellos.
Es posible que la decepción te provoque ese miedo a la esperanza.
Prefieres ser pesimista porque crees que así te proteges de expectativas poco realistas.

¿Cuándo fue la última vez que depositaste tus esperanzas en algo o alguien?

. . . .

. . . .

. . . .

¿Qué fue lo que sucedió después?

. . . .

. . . .

. . . .

¿Cuáles fueron tus sensaciones en aquel momento?

. . . .

. . . .

. . . .

4. No soy consciente de mis necesidades. (Sí/no)
Para crear tu propia felicidad, hay dos cosas importantes que debes saber: tus necesidades y tus límites. Si no conoces tus necesidades, no puedes satisfacerlas y no puedes crear felicidad. Si no conoces tus límites, no puedes establecerlos y no puedes crear felicidad.

¿Cuáles son tus necesidades a día de hoy?

. . . .

. . . .

. . . .

¿Hay algo por lo que ya no pasas? ¿Qué es eso que no aceptas?

. . . .

. . . .

. . . .

¿Cómo puedes hacer valer tus necesidades y tus límites?

. . . .

. . . .

. . . .

Cuando hayas terminado, relee lo que has escrito. Vas a hacer una lista con todo aquello que te aporte felicidad.

Anota todos estos elementos en una tabla, junto con las acciones que te comprometes a realizar para crear tu felicidad.

Mis necesidades	Mis acciones para satisfacerlas

Cuando hayas terminado, vas a escribir una carta dirigida a tu propia persona.

Es una carta de reencuentro de ti para ti..

✑ La carta de felicitación ✑

Aquí tienes una plantilla para esta carta; escríbela a tu ritmo.

1. *Estas son las partes de sombra que acepto actualmente:* . . . .

. . . .

. . . .

. . . .

. . . .

2. *Estas son las partes luminosas que acepto:* . . . .

. . . .

. . . .

. . . .

. . . .

3. *Estas son las contradicciones interiores que acepto:* . . . .

. . . .

. . . .

. . . .

. . . .

Cuando termines la carta, tómate tu tiempo para leerla inspirando y espirando profundamente.

¿Qué sientes?

. . . .

. . . .

. . . .

. . . .

EL *SHADOW WORK* Y LAS EMOCIONES

Somos seres pensantes, pero también emocionales.

Existen principalmente dos grandes tipos de emociones: las emociones positivas y las emociones negativas.

Una emoción positiva es una fuerza motriz que nos invita a seguir avanzando sin mirar atrás. Una emoción negativa es una llamada de atención que nos invita a hacer una pausa para analizar lo que ocurre y poner en marcha los cambios necesarios.

A veces, podemos dejarnos dominar y guiar por nuestras emociones negativas, que se acaban convirtiendo en sombras emocionales. No se trata de liberarnos de ellas, porque las necesitamos; son muy importantes para avanzar y vivir con total seguridad y coherencia con nuestras necesidades y nuestros límites.

Se trata de mantener un equilibrio con ellas. Y ese es el trabajo que te proponemos en esta ocasión.

Vamos a trabajar la sombra de la ira, la tristeza, el miedo, los celos, la culpa y la vergüenza.

Antes de ponernos manos a la obra, te presento diez consejos muy importantes para crear una nueva relación con tus sombras emocionales.

1. Es muy importante dejar que tus emociones fluyan a través de ti. Muy a menudo, cuando sientes una emoción negativa, lo que quieres es deshacerte de ella rápidamente, aunque también puedes detenerte a escucharla para ver qué te quiere decir. Una emoción es una ola que rompe encima de ti. Cuanto más luches contra ella queriendo quitártela de encima, más te costará salir. Porque no es la emoción en sí lo que te preocupa, sino tus reacciones emocionales. Deja que tus emociones fluyan a través de ti. Puedes respirar profundamente, caminar, bailar,

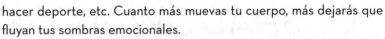
hacer deporte, etc. Cuanto más muevas tu cuerpo, más dejarás que fluyan tus sombras emocionales.

2. Haz pausas. Cuando la sombra emocional esté presente, tómate un descanso. Todo irá pasando mejor y podrás volver a centrarte y concentrarte en tu persona. Muchas veces te entran ganas de escapar mediante acciones externas, dirigidas a lo que te rodea. Sin embargo, no es lo más recomendable para recuperar el equilibrio con tus sombras emocionales.

3. Escucha tus sentimientos. Tú eres tu mejor guía. Cuando las sombras emocionales estén presentes, escucha tu cuerpo, tus pensamientos, tus energías, etc. Acepta lo que ocurre, sin juzgarlo. Escribe cómo te sientes. Te ayudará a que los sentimientos fluyan.

4. Plantéate preguntas. Las sombras emocionales no surgen para hacerte daño, sino para que puedas hacerte preguntas importantes. Sirven realmente de ayuda para el *shadow work*. Atrévete a hacerte preguntas importantes y, sobre todo, a responderlas.

5. No quieras comprenderlo todo al instante. A veces, las respuestas sobre la presencia de sombras emocionales llegarán mucho más tarde. Recuerda que eres un ser complejo que vive en un mundo complejo. No intentes entenderlo todo a la primera, y no veas la frase «no lo sé» como un fracaso. Tienes derecho a no saber y a no entender.

6. Pide ayuda si sientes que la necesitas. Si has escuchado durante mucho tiempo a tus sombras emocionales y has dejado que se conviertan en consejeras, va a ser mucho más difícil libertarte de ellas, pues te aportan estabilidad y guían tu conducta. Atrévete a pedir a alguien de confianza o con experiencia que te ayude a crear un equilibrio.

7. Atrévete a cambiar cosas en tu vida cotidiana. Esa es realmente la principal alerta de tus sombras emocionales: el cambio. Y no hay cambio pequeño. Paso a paso, cuando tus sombras emocionales estén presentes, atrévete a cambiar las cosas. Conseguirás así crear un nuevo equilibrio.

8. El equilibrio emocional no es la ausencia de sombras emocionales. El equilibrio es una sombra emocional para tus emociones positivas. Que te acompañen sombras emocionales no significa que hayas fracasado. Simplemente, las necesitas para crear tu propio camino.

9. Tus sombras emocionales pueden ser auténticas fuerzas motrices, y hay momentos en la vida en los que dependerás únicamente de ellas para avanzar y pasar a la acción. Es humano. Resulta agotador a largo plazo, pero puede ser de gran ayuda en el momento más inmediato. No te sientas culpable si este es tu caso. Lo haces lo mejor que puedes con los medios a tu disposición.

10. Las sombras emocionales pueden tranquilizarte. Pueden mantenerte en una zona de confort que, aunque no te convenga, te serena porque te resulta familiar. Puedes dejar que tus sombras emocionales ocupen todo el espacio de tus energías. No es un signo de debilidad, sino una búsqueda de seguridad.

CUESTIONARIO SOBRE LAS EMOCIONES

Lee cada una de las frases y, si sientes que en cierta manera te identifica, anota el número que aparece al lado.

A continuación cuenta cuántas veces aparece cada número en tus respuestas al cuestionario y mira con qué guarda relación.

Así podrás luego realizar los diferentes ejercicios asociados a ese bloqueo.

- Siento siempre que los demás me provocan una sensación de asfixia. ❶
- Para mí, una separación es un fracaso. ❷
- A menudo tengo la impresión de que me rodean numerosos peligros. ❸
- Siento con frecuencia que mi sola presencia avergüenza a los demás. ❺
- Si no conozco a alguien, automáticamente lo veo como un enemigo. ❶
- No puedo disfrutar de lo que hago. ❷
- Me aterran los cambios, me paralizan. ❸
- Siempre intento controlar las reacciones de los demás. ❺
- Me gusta quedarme en mi zona de confort, aunque ya no me convenga. ❸

- Tengo la sensación de no merecer la felicidad. 4
- A menudo tengo la impresión de que los demás quieren ver lo que yo quiero ocultar. 6
- Siempre intento hacer más por los demás. 5
- Siempre siento que los demás quieren quitarme lo que tengo. 4
- No consigo disfrutar del momento presente. 2
- Un imprevisto puede generarme una gran rabia interior. 1
- Nunca me atrevo a correr riesgos. 3
- Tengo demasiado pudor. 6
- Me comparo con los demás con frecuencia. 4
- Nunca consigo tomarme tiempo para descansar. 1
- Pienso demasiado en el pasado. 2
- Me paso el día limpiando. 6
- Cuando no obtengo respuesta, tiendo a pensar que he hecho algo mal. 5
- Me aterra la pérdida. 4
- Los contactos demasiado íntimos me desestabilizan. 6

~ Resultados ~

1 Ira   4 Celos

2 Tristeza   5 Culpa

3 Miedo   6 Vergüenza

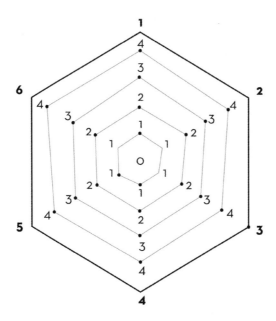

Une los números correspondientes con tus puntuaciones para obtener el espectro de tus sombras emocionales. A medida que completes tu *shadow work*, repite la prueba. Cuando vayas avanzando, tu espectro debería reducirse.

1. La sombra de la ira

La ira puede ser una fuerza motriz que te ayude a volver a ponerte en pie, avanzar y llevar a cabo tus proyectos. Sin embargo, como estará al mando de tus energías, te transmitirá la sensación de que los demás te agobian, te aconsejará que desconfíes de ellos y te dirá que lo único que puedes hacer es luchar.

Tienes que alejarte del mundo exterior porque todo te parece demasiado cercano.

Así es como se crea el complejo de guerrero; si lo estás viviendo, es que se ha instalado en ti la sombra de la ira.

Solo avanzas si es con tu armadura y con tus armas siempre listas.

Percibes a cualquiera que ose acercarse a ti como un enemigo que quiere acabar contigo.

Haces daño para evitar que te hagan daño. Mantienes alejados a los demás para protegerte de tus adversarios.

Te distancias del mundo exterior y solo lo ves a través de un campo de batalla.

Te preparas para vivir lo peor y te niegas a ver un atisbo de cambio para mejorar las cosas.

Los ánimos de tu guía

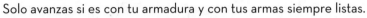

Cuentas con el apoyo de tu guía para este trabajo con las sombras (tu guía puede ser tu alma, tu ángel de la guarda, tu animal tótem, etc., dependiendo de tus creencias).

Concéntrate en tu guía y deja que te venga un número entre 1 y 5. Lee el mensaje asociado. Es una ayuda para tu trabajo con las sombras.

1. Eres un ser de contradicciones. Pero es normal, eres un ser complejo. No sientas tus contradicciones internas como un síntoma de hipocresía o de falta de escucha de tu interior. Recibe tus contradicciones como oportunidades de aprendizaje. Esto te permitirá crear una nueva armonía interior y descubrir más sobre tu propia persona.

2. En este momento, puede que el contacto con otros te transmita una sensación de peligro. Por eso, tratas de huir de ellos y poner distancia de por medio. Sin embargo, eso no es necesariamente lo correcto. Estás dejando que te guíen tus miedos. Las personas que te rodean solo quieren lo mejor para ti. Atrévete a relacionarte con los demás para disfrutar de experiencias increíbles.

3. Se te da genial ayudar a los demás, pero te cuesta mucho hacerlo contigo. Tienes la impresión de que no es importante cuando se trata de ti. Pero esa creencia es totalmente errónea. Deja que los demás te ayuden. Así podrás convertirte en tu prioridad y establecer nuevas bases para tu propio bienestar y felicidad.

4. Pronto recogerás los frutos de tus esfuerzos. Es normal, porque llevas mucho tiempo con un trabajo interior que te permitirá establecer una nueva relación contigo y, sobre todo, cambiar muchas cosas de tu día a día y de tu vida en general. Conseguirás imponer límites para redescubrir una verdadera serenidad.

5. Durante mucho tiempo has guardado un rencor muy fuerte a los demás. Siempre estabas pensando en cómo podías vengarte. Resultaba agotador, porque es que encima tú no eres así. No eres alguien que busque venganza. Pero era una fuerza motriz y te mantenía en pie. Deja ir ese rencor y encontrarás un nuevo espacio para sentir una gratitud interior y exterior.

∿ Introspección ∿

Siéntate en un lugar tranquilo y responde a las siguientes preguntas, tomándote el tiempo que necesites para analizarlas todas.

¿Hoy sientes ira? Si es así, ¿cuál es el motivo?

. . . .

. . . .

. . . .

¿Tu ira está justificada? ¿Por qué?

. . . .

. . . .

. . . .

¿Cómo reaccionas ante la ira?

. . . .

. . . .

. . . .

. . . .

¿Qué te dice esto?

. . . .

. . . .

. . . .

. . . .

Siéntate en un lugar tranquilo y rellena la tabla siguiente.

Escribe las fechas en que sentiste una ira considerable y su intensidad.

A continuación, describe el acontecimiento interno o externo que generó esa ira y pregúntate si estaba justificada o no.

Escribe luego cuáles fueron los límites que no se respetaron o los sentimientos que tuviste al pensar que había sido así.

Por último, anota todo lo que esto te dice sobre ti.

Fecha	Intensidad de la ira (de 0 a 10)	Desencadenante	¿Estaba justificada esa ira?	Límites no respetados/ sentimientos	Lecciones aprendidas

Tómate tu tiempo para reflexionar y escribir tus sensaciones y pensamientos personales e interiores.

¿Qué te dice esto?

. . . .

. . . .

. . . .

Cuando hayas terminado, lee las frases siguientes.

Escribe el número 1 junto a las frases que sientas que te identifican. Cuando hayas terminado, suma todos los 1 y mira el resultado.

Siento una inmensa ira cuando no respetan alguno de mis límites.	
Siento una inmensa ira cuando alguien trata de provocarme.	

Siento una inmensa ira cuando oigo ruidos ajenos.	
Siento una inmensa ira cuando me hacen reproches.	
Siento una inmensa ira cuando pienso que el mundo exterior está echado a perder.	
Siento una inmensa ira cuando me falta sueño.	
Siento una inmensa ira cuando me encuentro con un suceso imprevisto.	
Siento una inmensa ira cuando se anula algo en el último momento.	
Siento una inmensa ira cuando alguien no piensa como yo.	
Siento una inmensa ira cuando pienso en mi pasado.	

∽ Resultados ∼

Entre 0 y 3: la sombra de la ira no es paralizante. Has conseguido crear un equilibrio con ella, y te animo a que sigas así.

Entre 4 y 6: estás creando un nuevo equilibrio con la sombra de la ira. Esto te permite abrazar tu complejidad y todas las partes de tu ser. Sigue avanzando.

Entre 7 y 10: la sombra de la ira es poderosa y quizá lleve mucho tiempo contigo. Tómate tu tiempo para estabilizar tu relación con ella y conseguirás un nuevo equilibrio interior.

Respecto a las frases que has puntuado con 1, responde a las siguientes preguntas:

¿Cuáles son tus reacciones emocionales en ese momento?

. . . .

. . . .

. . . .

¿Crea daños colaterales en los demás?

. . . .

. . . .

. . . .

¿Cómo te sientes después?

. . . .

. . . .

. . . .

¿Qué te dice esto?

. . . .

. . . .

. . . .

¿Qué acciones te inspira?

. . . .

. . . .

. . . .

Para crear un nuevo equilibrio con la sombra de la ira, elige tres acciones de la siguiente lista y comprométete a ponerlas en práctica.

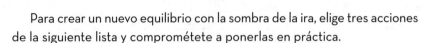

Lista de acciones para equilibrar la sombra de la ira

1. Retirarte de la situación y dar un paseo
2. Mover el cuerpo
3. Decir lo que está mal en un momento dado
4. Cortar hojas de papel en trocitos
5. Gritar en un cojín
6. Hablar con alguien de confianza para desahogarte
7. Darte un automasaje
8. Apretar una pelota antiestrés
9. Pedir disculpas
10. Llorar

Cuando lleves a cabo tus acciones, anota cómo te sientes.

FECHA

....

INTENSIDAD DE LA IRA SENTIDA

....

ACCIÓN REALIZADA

....

....

RESULTADOS

. . . .

. . . .

. . . .

SENTIMIENTOS

. . . .

. . . .

. . . .

LECCIONES APRENDIDAS

. . . .

. . . .

. . . .

NUEVAS MEDIDAS PARA PONER EN PRÁCTICA

. . . .

. . . .

. . . .

Cuando hayas terminado, vas a escribir una carta dirigida a tu propia persona. Es una carta de deposición de las armas de ti para ti.

✎ La carta de deposición de las armas ✎

Aquí tienes una plantilla para esta carta; escríbela a tu ritmo. Tómate tu tiempo para reflexionar y escribir tus sentimientos.

Voy a dejar de luchar por: ....

....

....

....

....

....

Recibo la gentileza del mundo exterior para: ....

....

....

....

....

....

Avanzo con mayor serenidad para: ....

....

....

....

. . . .

. . . .

. . . .

Cuando hayas terminado, vuelve a leer la carta respirando profundamente. ¿Qué te dice esto?

. . . .

. . . .

. . . .

. . . .

2. La sombra de la tristeza

La sombra de la tristeza es un aviso de que estás en proceso de cerrar un capítulo de tu vida.

Te señala que estás viviendo un duelo. Puede tratarse del duelo de una situación, de una relación, de un mecanismo de funcionamiento o de pensamientos.

Cuando estás triste, estás integrando el final de algo importante para ti. También empiezas a ser consciente de que algo está cambiando.

Cuando la sombra de la tristeza llega con fuerza, puede generar el complejo de melancolía.

Es entonces cuando te invade la sensación de que los mejores momentos de tu vida han quedado atrás. Tienes la impresión de que el presente y el futuro solo pueden ser anodinos y decepcionantes.

Tienes aversión a las separaciones y quieres quedarte en el pasado a cualquier precio.

Entonces, actuarás bajo el mandato de la tristeza. Cuanto más triste estés, más en contacto estarás con aquello que se fue.

Los ánimos de tu guía

Cuentas con el apoyo de tu guía para este trabajo con las sombras (tu guía puede ser tu alma, tu ángel de la guarda, tu animal tótem, etc., dependiendo de tus creencias).

Concéntrate en tu guía y deja que te venga un número entre 1 y 5. Lee el mensaje asociado. Es una ayuda para tu trabajo con las sombras.

1. En este momento, puede que estés librando una batalla interior que provoca en ti la sensación de hallarte en medio de una bruma de confusión. Deja de luchar contra tu propio ser. Harás sitio para numerosos cambios interiores y podrás descubrir fascinantes tesoros que habitan dentro de ti. Te invadirá una hermosa sensación de novedad.

2. Confía en tus capacidades espirituales y en tus recursos mediúmnicos e intuitivos. Podrás así tomar conciencia de cosas muy importantes, distanciarte de tu vida cotidiana y tomar decisiones importantes. Tu espiritualidad te guía hacia un camino nuevo y positivo.

3. Atrévete a tener ambición. Piensa a lo grande. Déjate llevar por tus sueños y podrás llevar a cabo grandes proyectos. Tienes derecho a querer disfrutar de experiencias increíbles, y realmente te lo mereces. Confía en tus capacidades, te abrirán muchas puertas y tendrás todo lo que necesitas.

4. Tómate un tiempo para cuidarte y darte gustos. Has hecho muchos sacrificios y te has acostumbrado a no tener lo que necesitas, y tu autoestima lo sufre. Atrévete a hacerte regalos bonitos. Descubrirás una nueva amabilidad que mejorará la confianza que tienes en tu persona. Tienes derecho a rodearte de cosas hermosas.

5. Tienes mucha protección a tu alrededor. Puedes arriesgarte y salir de tu zona de confort, atreverte a experimentar cosas nuevas y explorar nuevos caminos. No tienes nada que temer. Todo va a salir bien. Te va a ayudar a inaugurar un nuevo capítulo de tu vida, a vivir nuevas experiencias y a conocer gente nueva.

Introspección

Siéntate en un lugar tranquilo y responde a las siguientes preguntas, tomándote el tiempo que necesites para analizarlas todas.

¿Por qué estás triste?

. . . .

. . . .

. . . .

¿Desde cuándo estás triste?

. . . .

. . . .

. . . .

¿Por qué no consigues cerrar capítulos de tu vida?

. . . .

. . . .

. . . .

¿Qué es lo que rechazas del presente?

. . . .

. . . .

. . . .

¿Por qué el cambio tiene para ti una connotación negativa?

. . . .

. . . .

. . . .

Tómate tu tiempo para reflexionar y escribir tus sensaciones y pensamientos interiores.

Cuando hayas terminado, cuantifica la intensidad de los distintos signos de tristeza en una escala de 0 a 10 (0 para nada intenso, 10 para muy intenso).

Responde a las preguntas asociadas.

Desánimo (escala de 0 a 10)

0 . . . . → 10

¿Qué situaciones infunden desánimo en ti?

. . . .

. . . .

. . . .

¿Por qué no puedes disfrutar del presente?

. . . .

. . . .

. . . .

¿Qué puedes hacer para vivir plenamente el instante presente?

. . . .

. . . .

. . . .

Pérdida de energía (escala de 0 a 10)

0 . . . . → 10

¿Hace cuánto que te invade la sensación de haberte quedado sin energía?

. . . .

. . . .

. . . .

¿Por qué no consigues encontrar tus recursos?

. . . .

. . . .

. . . .

¿Qué puedes hacer para recuperar tu vitalidad?

. . . .

. . . .

. . . .

Pensamientos oscuros (escala de 0 a 10)

0 . . . . → 10

¿Cuáles son los pensamientos oscuros que ocupan tu mente?

. . . .

. . . .

. . . .

¿Hace cuánto que los tienes?

. . . .

. . . .

. . . .

¿Qué puedes hacer para volver a pensar en positivo?

. . . .

. . . .

. . . .

Dificultad de concentración (escala de 0 a 10)

0 . . . . → 10

¿Hace cuánto que te cuesta concentrarte?

. . . .

. . . .

. . . .

¿Y cómo afecta a tu día a día?

. . . .

. . . .

. . . .

¿Qué puedes hacer para recobrar nuevas energías?

. . . .

. . . .

. . . .

Dificultad para obtener placer (escala de 0 a 10)

0 . . . .→ 10

¿Hace cuánto que no consigues disfrutar de lo que haces?

. . . .

. . . .

. . . .

¿Y cuáles son las consecuencias de esta pérdida de placer?

. . . .

. . . .

. . . .

¿Qué puedes hacer para volver a disfrutar con lo que haces?

....

....

....

Repliegue en uno mismo (escala de 0 a 10)

0 ....→ 10

¿Hace cuánto que te has replegado hacia tu interior?

....

....

....

¿Quién puede ayudarte a conectar de nuevo con los demás?

....

....

....

¿Qué quieres vivir con esta persona?

....

....

....

Tómate tu tiempo para escribir tus reflexiones y pensamientos interiores. ¿Qué te dice esto sobre ti?

. . . .

. . . .

. . . .

Estos son las diferentes etapas requeridas para equilibrar la sombra de la tristeza.

En cada una de ellas, escribe cómo te sientes y las medidas que quieres tomar. Comprométete con ellas y anota lo que aprendas del proceso.

Etapa 1: expreso mi tristeza

Lo que hago:

. . . .

. . . .

. . . .

Lo que siento:

. . . .

. . . .

. . . .

Lo que aprendo del proceso:

. . . .

. . . .

. . . .

Etapa 2: inspiro y espiro profundamente tres veces

Lo que hago:

. . . .

. . . .

. . . .

Lo que siento:

. . . .

. . . .

. . . .

Lo que aprendo del proceso:

. . . .

. . . .

. . . .

Etapa 3: me tomo tiempo para descansar

Lo que hago:

. . . .

. . . .

. . . .

Lo que siento:

. . . .

. . . .

. . . .

Lo que aprendo del proceso:

. . . .

. . . .

. . . .

Etapa 4: enumero tres cosas por las que siento gratitud en mi vida presente

Lo que hago:

. . . .

. . . .

. . . .

Lo que siento:

. . . .

. . . .

. . . .

Lo que aprendo del proceso:

. . . .

. . . .

. . . .

Etapa 5: elijo un objeto que me reconforta,
me tranquiliza y me aporta paz

Lo que hago:

. . . .

. . . .

. . . .

Lo que siento:

. . . .

. . . .

. . . .

Lo que aprendo del proceso:

. . . .

. . . .

. . . .

Etapa 6: me concentro en un nuevo proyecto

Lo que hago:

. . . .

. . . .

. . . .

Lo que siento:

. . . .

. . . .

. . . .

Lo que aprendo del proceso:

. . . .

. . . .

. . . .

Cuando hayas terminado, vas a escribir una carta. Es la carta de duelo.

∽ La carta de duelo ∾

Tómate tu tiempo para reflexionar y escribir tus sentimientos.

Lloro la pérdida de:. . . . .

. . . .

. . . .

. . . .

. . . .

. . . .

Doy gracias a mi pasado por: . . . .

. . . .

. . . .

. . . .

. . . .

. . . .

Saludo la presencia de: . . . .

. . . .

. . . .

. . . .

. . . .

. . . .

Me dejo guiar por: ....

....

....

....

....

....

Cuando hayas terminado, vuelve a leer la carta respirando profundamente. ¿Qué sientes? ¿Y qué te dice esto?

....

....

....

....

3. La sombra del miedo

La sombra del miedo es una alerta importante, ya que sirve para advertir de la presencia de un peligro.

Necesitamos el miedo. Su ausencia comprometería nuestra integridad, pues podríamos tomar caminos arriesgados y vernos expuestos a situaciones de inseguridad.

Cuando la sombra del miedo se hace extrema, puede desembocar en el complejo del ermitaño.

Tendríamos entonces la impresión de vivir acechados por numerosos peligros omnipresentes y trataríamos de permanecer en nuestra zona de confort, ante la sensación de que el cambio y la novedad solo pueden traer cosas negativas.

Con el complejo de ermitaño, nunca bajamos la guardia; estamos siempre en alerta porque sobreinterpretamos todas las señales y sucesos como advertencias de los peligros que nos rodean.

Cuanto más poderosa es la sombra del miedo, más nos convencemos de que la mejor solución es dejarlo todo como está, no hacer nada, no cambiar nada y no emprender nada.

Nos bloqueamos en una rutina y en una forma de hacer las cosas y no nos permitimos ningún tipo de cuestionamiento.

Los ánimos de tu guía

Cuentas con el apoyo de tu guía para este trabajo con las sombras (tu guía puede ser tu alma, tu ángel de la guarda, tu animal tótem, etc., dependiendo de tus creencias).

Concéntrate en tu guía y deja que te venga un número entre 1 y 5. Lee el mensaje asociado. Es una ayuda para tu trabajo con las sombras.

1. En este momento, sientes que actúas según un patrón repetitivo del que no puedes escapar. Repites cada día hábitos que no van contigo. Necesitas cambiar y renovarte, así que no tengas miedo de poner en práctica nuevas costumbres. Descubrirás así muchos de tus tesoros interiores y conseguirás alcanzar una nueva serenidad.

2. Puedes ser optimista y tener esperanza. Estás entrando en una energía positiva en la que se te presentarán muchas oportunidades favorables. Podrás experimentar cosas nuevas. Sé optimista. Estás dejando atrás la bruma que te rodea para descubrir una nueva claridad y luminosidad.

3. Es posible que a veces actúes con demasiada dureza al dirigirte a los demás o cuando hablas con tu interior. Esto puede acabar haciéndote daño y perjudicando al resto de gente que te rodea. Puedes decir las cosas importantes con suavidad y amabilidad. Atrévete a hacerlo. Esto te permitirá crear nuevos patrones de comunicación contigo y con los demás, y te aportará mucha información.

4. Necesitas escuchar y cuidar tu cuerpo físico, que en este momento te está enviando muchas señales para que te tomes un descanso y te cuides. Escucha a tu cuerpo y no le pidas que siga tu ritmo, mejor sigue tú el suyo. Conseguirás así descansar y crear una nueva sensación de bienestar.

5. En este momento, tienes la sensación de que necesitas terminar algo. Siempre tienes ese asunto pendiente y esto te está impidiendo disfrutar del momento presente. Deja a un lado los detalles y concéntrate en el hoy y el ahora. Sentirás orgullo de ti y tomarás conciencia de lo lejos que has llegado.

⁓ Introspección ⁓

Siéntate en un lugar tranquilo y responde a las siguientes preguntas, tomándote el tiempo que necesites para analizarlas todas.

¿De qué tienes miedo hoy?

. . . .

. . . .

. . . .

¿Cómo reaccionas ante el miedo?

. . . .

. . . .

. . . .

¿Alguna vez has avanzado y actuado sin miedo?

. . . .

. . . .

. . . .

¿Qué te dice esto?

. . . .

. . . .

. . . .

Siéntate en un lugar tranquilo y cierra los ojos.
Concéntrate en el miedo. Deja que venga a ti.
Siéntelo en tu cuerpo y localiza las zonas donde se expresa físicamente.
Cuando hayas terminado, anota estas zonas en el mapa corporal.

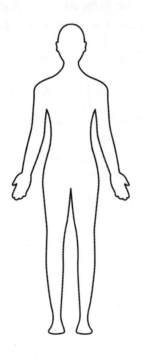

A continuación, observa a qué se asocian estas zonas:

PIES: miedo a avanzar, miedo al éxito;

TIBIAS: miedo al fracaso;

RODILLAS: miedo a revivir antiguos sufrimientos; MUSLOS: miedo a que los demás te abandonen; CHAKRA RAÍZ: miedo a pasar a la acción;

CHAKRA SACRO: miedo a las propias reacciones emocionales;

CHAKRA DEL PLEXO SOLAR: miedo a los propios pensamientos;

CHAKRA DEL CORAZÓN: miedo a relacionarse con los demás;

CHAKRA DE LA GARGANTA: miedo a comunicarte;

CHAKRA DEL TERCER OJO: miedo a la intuición;

CHAKRA DE LA CORONA: miedo a soltar cosas;

DE LOS HOMBROS A LAS MANOS: miedo a la propia capacidad creativa.

A continuación, responde a las preguntas. ¿Qué despierta esto en ti?

. . . .

. . . .

. . . .

¿Qué situaciones te recuerda?

. . . .

. . . .

. . . .

¿Desde cuándo está presente este miedo?

. . . .

. . . .

. . . .

¿Y cómo influye en tus acciones?

. . . .

. . . .

¿Qué te dice esto?

. . . .

. . . .

Rellena la siguiente tabla.

Para cada ámbito de tu vida, enumera tus miedos y escribe los peligros que crees ver, así como los peligros reales. Anota tus sentimientos, las consecuencias de este miedo en ese ámbito determinado y las acciones que quieres realizar para equilibrar tus reacciones ante el miedo.

	Miedo	Peligro percibido	Peligro real	Sentimientos en ese momento	Consecuencias en ese ámbito	Acciones para equilibrar las reacciones al miedo
Ámbito personal						
Ámbito profesional						
Ámbito material						
Relación con tu persona						
Relación con el mundo exterior						

Paras crear un equilibrio con las sombras del miedo, responde a las preguntas siguientes:

¿Qué te aporta tranquilidad?

. . . .

. . . .

. . . .

¿Cómo puedes dedicarte una vez al día a algo que te tranquilice?

. . . .

. . . .

. . . .

¿De qué eres capaz cuando te domina el coraje?

. . . .

. . . .

. . . .

¿Qué se te ocurre para crear una nueva seguridad interior?

. . . .

. . . .

. . . .

Tómate tu tiempo para reflexionar y escribir tus sensaciones y pensamientos personales e interiores.

Cuando hayas terminado, enumera las acciones que te has comprometido a realizar.

Rellena este cuadro a medida que vayas avanzando:

FECHA

....

ACCIÓN PARA EQUILIBRAR LA SOMBRA DEL MIEDO

....

....

....

RESULTADOS

....

....

....

SENTIMIENTOS

....

....

....

LECCIONES APRENDIDAS

....

....

NUEVAS MEDIDAS PARA PONER EN PRÁCTICA

....

....

....

¿Qué te dice esto?

. . . .

. . . .

. . . .

Cuando termines, vas a escribir una carta dirigida a tu propia persona. Es una carta de apertura de ti para ti.

La carta de apertura

Aquí tienes una plantilla para esta carta; escríbela a tu ritmo.

Con valor, me abro a:. . . . .

. . . .

. . . .

. . . .

. . . .

Me despido de estos peligros imaginarios: . . . .

. . . .

. . . .

. . . .

. . . .

Saludo a estos peligros reales y me adapto a ellos: . . . .

. . . .

. . . .

. . . .

. . . .

Así es como creo mi seguridad interior:. . . . .

. . . .

. . . .

. . . .

. . . .

Cuando hayas terminado, vuelve a leer la carta respirando profundamente. ¿Qué te dice esto?

. . . .

. . . .

. . . .

4. La sombra de los celos

La sombra de los celos tiene su importancia como alerta vinculada al mérito. Cuando la sombra de los celos está presente, sentimos que vamos a perder algo que merecemos conservar.

La sombra de los celos es diferente de la sombra de la envidia. La envidia guarda relación con la posesión y los celos, con el mérito.

La sombra de los celos genera una enorme inseguridad. También nos provoca la impresión de que los demás tienen, son o hacen lo que nosotros merecemos tener, ser y hacer.

Cuando la sombra de los celos nos invade con fuerza, puede generar el complejo del rival.

Bajo el complejo del rival, no nos abandona la idea de que los demás son siempre mejores que nosotros.

Vivimos con la permanente sensación de que vamos a perder en cualquier momento lo que merecemos conservar.

Como consecuencia, se genera una gran tensión interior y se puede despertar una importante agresividad hacia los demás, pues sentimos que estamos rodeados únicamente de ladrones que quieren robarnos nuestro botín.

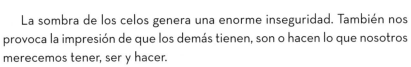

Los ánimos de tu guía

Cuentas con el apoyo de tu guía para este trabajo con las sombras (puede ser tu alma, tu ángel de la guarda, tu animal tótem, etc., dependiendo de tus creencias).

Concéntrate en tu guía y deja que te venga un número entre 1 y 5. Lee el mensaje asociado. Es una ayuda para tu trabajo con las sombras.

1. Quizá sea el momento de dejar sitio para nuevos pensamientos. Es posible que tu mente esté ocupada por una serie de ideas fijas que ocupan tanto espacio que no cabe ninguna otra. En este contexto, puede generarse una energía de fatalidad y bloqueo. Atrévete a desprenderte de estos pensamientos. Conseguirás vivir nuevas experiencias y verás el mundo exterior con otros ojos.

2. Atrévete a actuar según te dicte tu instinto. Puede que te asuste la idea de liberarte de las cadenas externas y actuar de manera diferente a los demás, porque te da la sensación de que vas a cometer errores. Atrévete a ser tú, sin importar lo que piensen los otros. Descubrirás así tus grandes tesoros interiores y empezarás a avanzar de una manera diferente.

3. Vas a entrar en una energía de abundancia, ¡confía en ella! Este proceso culminará con un nuevo confort interior y material. Esto te permitirá cuidarte de una manera nueva. Podrás mimarte y descubrir un nuevo sentimiento de dulzura y amabilidad. Esta abundancia no es temporal; estará presente en tu vida durante mucho tiempo.

4. En este momento, puedes tener la impresión de que el mundo exterior está en tu contra, que los demás te rechazan y que no paran de aparecer sucesos inesperados que tienes que afrontar. Es una falsa creencia. Puede que estés pasando por un momento difícil, pero no lo tienes que tomar como algo personal que vaya contra ti. Mira el mundo exterior con otros ojos y podrás adaptarte a él de una forma nueva.

5. Has conocido muchas traiciones a lo largo de tu vida. Como crees que siempre será así, ya no te fías de nadie. Pero no debes verlo de esa manera. Las personas que te rodean son de confianza. No están ahí para decepcionarte, sino para apoyarte y pasar momentos maravillosos contigo. Ábrete a ellas y disfruta su compañía.

～ Introspección ～

Siéntate en un lugar tranquilo y responde a las siguientes preguntas, tomándote el tiempo que necesites para analizarlas todas.

¿Qué te provoca celos?

. . . .

. . . .

. . . .

¿Qué es lo que tienes miedo a perder?

. . . .

. . . .

. . . .

¿Qué ves en los demás que crees que mereces tú?

. . . .

. . . .

. . . .

¿Cómo revierten estos celos en tu día a día?

. . . .

. . . .

. . . .

¿Qué te dice esto sobre ti?

. . . .

. . . .

. . . .

Tómate tu tiempo para reflexionar y escribir tus sentimientos.

A continuación, enumera todas las veces que has sentido más celos. Anota lo ocurrido, tus reacciones y las de los demás.

. . . .

. . . .

¿Qué intentabas controlar en ese momento?

. . . .

. . . .

. . . .

¿Cuáles eran entonces tus mayores temores?

. . . .

. . . .

. . . .

¿Por qué no podías confiar en ti ni en los demás?

. . . .

. . . .

. . . .

¿Con qué o con quién te comparabas?

. . . .

. . . .

. . . .

¿Qué frases necesitabas oír en ese momento?

. . . .

. . . .

Si te dices estas frases ahora, ¿cómo te sientes?

. . . .

. . . .

¿Qué te dice esto?

. . . .

. . . .

Siéntate en un lugar tranquilo y escribe lo que temes perder.

Enumera todas las cosas que temes perder.

. . . .

. . . .

. . . .

Luego, completa las frases:

Lo que tengo miedo de perder es:

. . . .

. . . .

Lo que agradezco es:

. . . .

. . . .

Lo que me distingue es:

. . . .

. . . .

Lo que me hace una persona que merece que la quieran es:

. . . .

. . . .

Lo que me motiva es:

. . . .

. . . .

Lo que se me da bien es:

. . . .

. . . .

Lo que me hace original es:

. . . .

. . . .

Lo que me hace confiar en mí es:

. . . .

. . . .

Lo que me convierte en una persona inspiradora es:

. . . .

. . . .

Lo que me convierte en alguien ayuda a los demás es:

. . . .

. . . .

Lo que hace que me guste mi presente es:

. . . .

. . . .

Cuando hayas terminado, lee cada una de las frases que has escrito inspirando y espirando profundamente.

¿Qué sientes?

. . . .

. . . .

. . . .

. . . .

Para encontrar el equilibrio con la sombra de los celos, escribe tres veces las siguientes frases. Presta atención a tus sentimientos mientras escribas.

Nada puede darse por sentado.

. . . .

. . . .

. . . .

Sentimientos:

. . . .

. . . .

. . . .

Todo cambia constantemente.

. . . .

. . . .

. . . .

Sentimientos:

. . . .

. . . .

. . . .

No puedo controlar el mundo exterior.

. . . .

. . . .

. . . .

Sentimientos:

. . . .

. . . .

. . . .

Merezco la felicidad.

. . . .

. . . .

. . . .

Sentimientos:

. . . .

. . . .

. . . .

¿Qué te dice esto sobre ti?

. . . .

. . . .

. . . .

Cuando hayas terminado, vas a escribir una carta dirigida a tu propia persona.

Es una carta de confianza de ti para ti. Colócate en un lugar tranquilo.

Piensa en las decisiones que quieres tomar.

❧ La carta de la confianza ❧

Aquí tienes una plantilla para esta carta; escríbela a tu ritmo.

1. *Confío en mis capacidades y aptitudes, que son:* . . . .

. . . .

. . . .

. . . .

. . . .

2. *Creo mi seguridad interior gracias a:* . . . .

. . . .

. . . .

. . . .

. . . .

3. *Confío en mi entorno porque:* . . . .

. . . .

. . . .

. . . .

. . . .

. . . .

Cuando termines la carta, tómate tu tiempo para leerla inspirando y espirando profundamente.

¿Qué sientes?

. . . .

. . . .

. . . .

. . . .

5. La sombra de la culpa

La sombra de la culpa es una alerta importante que nos advierte de que estamos sobrepasando los límites de los demás.

Es una sombra que se crea cuando entablamos contactos sociales por primera vez y que nos permite desarrollar nuestra empatía; es decir, nuestra capacidad de comprender a los demás, de entender cómo se sienten y de ponernos en su lugar.

Es muy importante no confundir la culpa con la autoflagelación.

La autoflagelación es la tendencia excesiva a dirigir críticas hacia nuestra propia persona.

Cuando nos sentimos culpables, no tenemos por qué hacernos muchas críticas gratuitas.

La sombra de la culpa nos invita a enmendarnos y a actuar para crear un entorno pacífico para los demás. Nos ayuda a comprender los límites de los demás para no traspasarlos y a crear un espacio colectivo amable y seguro para todos.

Cuando la sombra de la culpa se nos hace muy presente, puede generar el complejo del culpable.

Tendremos la impresión de que nuestra mera presencia franquea los límites de los demás.

Nos sentiremos en la obligación de disculparnos todo el tiempo, aun cuando no hayamos hecho nada.

Siempre creeremos que ocupamos demasiado espacio e intentaremos aislarnos para no molestar a los demás.

Nos negaremos a actuar o a avanzar, porque tendremos la impresión de que es perjudicial para los demás.

Permaneceremos ocultos en nuestra zona de confort y limitaremos nuestras acciones a lo estrictamente necesario.

Los ánimos de tu guía

Cuentas con el apoyo de tu guía para este trabajo con las sombras (puede ser tu alma, tu ángel de la guarda, tu animal tótem, etc., dependiendo de tus creencias).

Concéntrate en tu guía y deja que te venga un número entre 1 y 5. Lee el mensaje asociado. Es una ayuda para tu trabajo con las sombras.

1. En este momento, puede que intentes tenerlo todo bajo control. Y resulta agotador, porque siempre estás anticipándote a los acontecimientos y a otras personas. Esto genera muchas creencias limitantes porque tienes la impresión de que siempre estás en peligro. Suelta ese lastre y podrás avanzar con mayor serenidad. Te adaptarás al mundo exterior de una forma nueva.

2. En este momento, estás muy en contacto con tu intuición, que te envía muchos mensajes en sueños. Deja un cuaderno en tu mesilla de noche y escribe tus sueños cada mañana. Esto te permitirá recibir mensajes muy importantes de tu alma y te ayudará a tomar decisiones importantes que abrirán un nuevo capítulo en tu vida.

3. Si estás buscando un cambio profesional o un nuevo proyecto, o si quieres desarrollar tu vida laboral de una forma nueva, atrévete a creer en tus sueños y organízate para hacerlos realidad. Te permitirá reafirmarte de otra forma y te ayudará a inaugurar un nuevo capítulo profesional. Todo va a salir bien.

4. En este momento, te asusta la idea de crear una nueva relación con tu propia persona porque temes equivocarte. Tienes miedo a hacer caso a tu imaginación más que a tu intuición. Tienes

miedo a escuchar a tu mente y no a tus propios pensamientos. Confía en ti. Estás en un proceso de creación de un nuevo diálogo interior que te permitirá descubrir cosas muy hermosas sobre tu persona.

5. El karma transgeneracional puede perturbarte. Te obliga a actuar y a ser siguiendo los deseos de tu familia, y te impide crear tu propio camino. Atrévete a dejar ir este karma. Crea tus propias reglas. Esto te permitirá descubrir nuevas necesidades y nuevos límites, y te ayudará a llevar a cabo algunos cambios muy importantes.

∽ *Introspección* ∾

Siéntate en un lugar tranquilo y responde a las siguientes preguntas, tomándote el tiempo que necesites para analizarlas todas.

1. ¿Por qué te sientes culpable?

. . . .

. . . .

. . . .

. . . .

2. ¿Qué sentimientos te aporta?

. . . .

. . . .

. . . .

. . . .

3. ¿Cómo afecta esta culpa a tu día a día y en la relación que mantienes contigo?

. . . .

. . . .

. . . .

. . . .

4. ¿Qué te dice esto?

. . . .

. . . .

. . . .

. . . .

A continuación, cuantifica la intensidad de tus reacciones ante la sombra de la culpa en una escala de 0 a 10 (0 para ninguna reacción y 10 para una reacción muy fuerte).

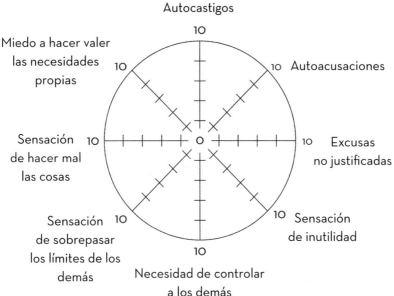

Para cada reacción, le invito a responder a las siguientes preguntas:

Autocastigos

¿Cuáles son?

. . . .

. . . .

. . . .

¿Qué tal si los reemplazamos por «autorregalos»? ¿Cuáles se te ocurren?

. . . .

. . . .

. . . .

Autoacusaciones

¿Cuáles son?

. . . .

. . . .

. . . .

¿Qué tal si las reemplazamos por «autoelogios»? ¿Cuáles se te ocurren?

. . . .

. . . .

. . . .

Excusas no justificadas

¿Cuáles son?

. . . .

. . . .

. . . .

¿Qué tal si las reemplazamos por verdaderas excusas? ¿Cuáles se te ocurren?

. . . .

. . . .

. . . .

. . . .

Sensación de inutilidad para los demás

¿Cuándo te has sentido inútil para los demás?

. . . .

. . . .

. . . .

¿En qué eres realmente útil para los demás?

. . . .

. . . .

. . . .

Necesidad de controlar a los demás

¿Cuándo has intentado controlar a los demás?

. . . .

. . . .

. . . .

¿Cómo puedes dejar ir esa necesidad?

. . . .

. . . .

. . . .

Sensación de sobrepasar los límites de los demás

¿Qué límites tienes la sensación de estar sobrepasando?

....

....

....

¿Cómo puedes respetar tus propios límites?

....

....

....

Sensación de hacer mal las cosas

¿En qué ocasiones has sentido que hacías mal las cosas?

....

....

....

¿Puedes confiar en tu propia persona? ¿Qué puedes hacer para conseguirlo?

....

....

....

Miedo a hacer valer las necesidades propias

¿Qué necesidades no puedes hacer valer?

. . . .

. . . .

. . . .

¿Se te ocurre alguna forma de hacerlo?

. . . .

. . . .

. . . .

Tómate tu tiempo para reflexionar y escribir tus sensaciones y pensamientos interiores.

¿Qué te dice esto sobre ti?

. . . .

. . . .

. . . .

Ahora, crea un mantra para cada reacción. Redáctalo como una frase corta y positiva en presente simple. Este mantra te ayudará a canalizar tus reacciones ante la sombra de la culpa.

AUTOCASTIGOS
Mantra:

. . . .

AUTOACUSACIONES
Mantra:

. . . .

EXCUSAS NO JUSTIFICADAS
Mantra:

. . . .

SENSACIÓN DE INUTILIDAD
Mantra:

. . . .

NECESIDAD DE CONTROLAR A LOS DEMÁS
Mantra:

. . . .

SENSACIÓN DE SOBREPASAR LOS LÍMITES DE LOS DEMÁS
Mantra:

. . . .

SENSACIÓN DE HACER MAL LAS COSAS
Mantra:

. . . .

MIEDO A HACER VALER LAS NECESIDADES PROPIAS
Mantra:

. . . .

Cuando hayas terminado, repite cada mantra al menos tres veces, cerrando los ojos y respirando profundamente.

¿Cuáles son tus sentimientos?

. . . .

. . . .

. . . .

¿Qué te dice esto?

. . . .

. . . .

. . . .

Para terminar este trabajo sobre la sombra de la culpa, vas a escribir una carta dirigida a tu propia persona. Escríbela a tu ritmo.

Es una carta de perdón de ti para ti.

La carta de perdón

Esta carta empieza así:

Me perdono por:. . . . .

. . . .

. . . .

. . . .

Perdono a los demás por: . . . .

. . . .

. . . .

. . . .

Me doy las gracias por: . . . .

. . . .

. . . .

. . . .

Doy las gracias a los demás por: . . . .

. . . .

. . . .

. . . .

Tómate tu tiempo para escribir esta carta con honestidad y sinceridad. Cuando hayas terminado, vuelve a leerla respirando profundamente. ¿Cuáles son tus sentimientos?

. . . .

. . . .

. . . .

6. La sombra de la vergüenza

La sombra de la vergüenza es una alerta importante para crear un equilibrio con el mundo exterior y con los demás. Nos invita a darnos cuenta de que algo que queríamos mantener oculto se revela a los demás, y es una verdadera llamada a la acción para preservar nuestro pudor y nuestra intimidad.

Cuando la sombra de la culpa es poderosa, puede generar el complejo del indigno.

El complejo del indigno se traduce en la sensación de tener que esconderse todo el tiempo, de que el mundo exterior intenta a toda costa desvelar lo que tú intentas preservar.

Consiste en percibir el mundo exterior como un ente que sistemáticamente sobrepasa nuestros límites.

Cuando tenemos el complejo del indigno, intentamos mantenernos en nuestra zona de confort a toda costa. Siempre intentamos protegernos del mundo exterior. Nunca hablamos de nosotros mismos, no revelamos nuestra intimidad.

Las relaciones que mantenemos con los demás y con el mundo exterior son siempre superficiales, porque nos da miedo profundizar en ellas.

Además, estos intercambios nos parecen peligrosos, porque tenemos la impresión de que nos obligarán a mostrar lo que queremos mantener oculto.

Los ánimos de tu guía

Cuentas con el apoyo de tu guía para este trabajo con las sombras (puede ser tu alma, tu ángel de la guarda, tu animal tótem, etc., dependiendo de tus creencias).

Concéntrate en tu guía y deja que te venga un número entre 1 y 5. Lee el mensaje asociado. Es una ayuda para tu trabajo con las sombras.

1. En este momento, estás cerrando capítulos de vida. Puede ser un proceso complicado porque no era esta tu intención original. Sin embargo, te está ayudando a hacer sitio para un montón de cambios, emprender una verdadera renovación y conocer muchas cosas nuevas, y te está permitiendo explotar nuevas capacidades y habilidades. Confía en el cambio, te abrirá la puerta a magníficas experiencias.

2. Atrévete a ser libre. Tienes miedo de liberarte de tus cadenas internas, de tus viejas creencias y de tus antiguos hábitos. Tienes miedo de mostrarte ante los demás tal y como eres. Confía en tu necesidad de libertad; te permitirá expresarla de una forma nueva y aprovechar las oportunidades que surjan.

3. En este momento, puede que sientas el miedo muy de cerca. ¿Sabes por qué? Porque estás inaugurando un nuevo capítulo de tu vida. No veas este miedo como una señal de que necesitas volver a tu zona de confort. Todo lo contrario. Estás experimentando un montón de cosas nuevas y eso te va a aportar una verdadera plenitud. Todo va a salir bien.

4. Deja de lado por un tiempo tus proyectos y planes, todas las cosas que quieres hacer. Necesitas un descanso. Necesitas recargar las pilas. Necesitas encontrarte. Cuanto más lo hagas, más escucharás a tu yo interior, lo que te permitirá disfrutar del momento presente tal y como se te presenta.

5. En este momento, te pido que te centres en un objetivo y lo conviertas en tu única prioridad. Deja que ese objetivo sea tu guía. Así podrás organizarte para conseguir cosas muy importantes y te darás cuenta de todo lo que eres capaz de hacer. Ese objetivo será tu brújula que te orientará hacia el cambio y hacia las nuevas experiencias y satisfacciones.

⤳ Introspección ↝

Colócate en un lugar tranquilo. Responde a las preguntas siguientes, tomándote el tiempo que necesites para analizarlas todas.

¿De qué te avergüenzas en este momento?

. . . .

. . . .

. . . .

. . . .

¿Hasta qué punto son intensas tus reacciones emocionales ante la vergüenza?

....

....

....

¿Qué es lo que quieres ocultar a toda costa?

....

....

....

¿Por qué?

....

....

....

¿Qué te dice esto?

....

....

....

Tómate tu tiempo para reflexionar y escribir tus sensaciones y pensamientos interiores.

Luego, responde a las preguntas siguientes:

¿Cuándo fue la última vez que sentiste realmente vergüenza?

. . . .

. . . .

¿Cuál fue su intensidad en una escala de 0 a 10? (0 para nada intenso y 10 para muy intenso)

0 . . . . → 10

¿Qué te dice esto sobre ti?

. . . .

. . . .

. . . .

¿Cuándo fue la última vez que sentiste remordimientos aun sin tener motivos para ello?

. . . .

. . . .

. . . .

¿Cuál fue su intensidad en una escala de 0 a 10? (0 para nada intenso y 10 para muy intenso)

0 . . . . → 10

¿Qué te dice esto sobre ti?

. . . .

. . . .

. . . .

¿Cuándo fue la última vez que te sentiste mal en tu propio cuerpo?

. . . .

. . . .

. . . .

¿Cuál fue su intensidad en una escala de 0 a 10? (0 para nada intenso y 10 para muy intenso)

0 . . . . → 10

¿Qué te dice esto sobre ti?

. . . .

. . . .

. . . .

¿Cuándo fue la última vez que sentiste que la timidez te paralizaba?

. . . .

. . . .

. . . .

¿Cuál fue su intensidad en una escala de 0 a 10? (0 para nada intenso y 10 para muy intenso)

0 . . . . → 10

¿Qué te dice esto sobre ti?

. . . .

. . . .

. . . .

Tómate tu tiempo para reflexionar y escribir tus sensaciones y pensamientos interiores.

....

....

Para equilibrar tu relación con la sombra de la vergüenza, haz una lista con todo lo que la desencadena.

....

....

....

Los desencadenantes de la vergüenza

¿Cómo puedes adaptarte a estos desencadenantes para crear seguridad interior y exterior?

....

....

¿Qué tres retos puedes proponerte para crear una nueva relación con tu cuerpo?

....

....

....

¿Qué tres retos puedes proponerte para hacerte valer ante de los demás?

. . . .

. . . .

. . . .

Cuando hayas terminado, comprométete a rellenar la tabla según vayas realizando las acciones.

Reto	Cuándo lo realizo	¿Necesito ayuda? ¿De quién?	¿Reto superado? Sí/no	Sentimientos en ese momento	Lecciones aprendidas

Para terminar este trabajo sobre la sombra de la vergüenza, vas a escribir una carta dirigida a tu propia persona. Escríbela a tu ritmo.

Es una carta de aceptación de ti para ti.

⤳ La carta de la aceptación ⤳

Esta carta empieza así:

Esto es todo lo que acepto en mí:. . . . .

. . . .

. . . .

. . . .

. . . .

Esto es lo que he decidido revelar al mundo exterior: . . . .

. . . .

. . . .

. . . .

Me gusto por: . . . .

. . . .

. . . .

. . . .

. . . .

Tómate tu tiempo para escribir esta carta.
Cuando hayas terminado, vuelve a leerla respirando profundamente.

¿Qué sientes?

. . . .

. . . .

. . . .

. . . .

CUADERNO
DE SENTIMIENTOS

———

. . . .

. . . .

. . . .

. . . .

. . . .

. . . .

. . . .

. . . .

. . . .

. . . .

. . . .

. . . .

. . . .

. . . .

FECHA

....

ACCIÓN

....
....
....

RESULTADOS

....
....
....

SENTIMIENTOS

....
....
....

LECCIONES APRENDIDAS

....
....

NUEVAS MEDIDAS PARA PONER EN PRÁCTICA

....
....
....

· ·

· ·

· ·

· ·

· ·

· ·

· ·

· ·

· ·

· ·

· ·

· ·

· ·

· ·

· ·

· ·

· ·

FECHA

. . . .

ACCIÓN

. . . .

. . . .

. . . .

RESULTADOS

. . . .

. . . .

. . . .

SENTIMIENTOS

. . . .

. . . .

. . . .

LECCIONES APRENDIDAS

. . . .

. . . .

NUEVAS MEDIDAS PARA PONER EN PRÁCTICA

. . . .

. . . .

. . . .

....

....

....

....

....

....

....

....

....

....

....

....

....

....

....

....

....

....

FECHA

. . . .

ACCIÓN

. . . .

. . . .

. . . .

RESULTADOS

. . . .

. . . .

. . . .

SENTIMIENTOS

. . . .

. . . .

. . . .

LECCIONES APRENDIDAS

. . . .

. . . .

NUEVAS MEDIDAS PARA PONER EN PRÁCTICA

. . . .

. . . .

. . . .

....

....

....

....

....

....

....

....

....

....

....

....

....

....

....

....

....

CONCLUSIÓN

El trabajo con las sombras no es un proceso lineal; no es algo que haya que hacer en un momento para luego sentarse a disfrutar de las cosas buenas que pasan.

Es un trabajo que lleva tiempo. Toda una vida.

A veces sentirás que das un paso atrás, que ya no te entiendes nada, que no sabes qué hacer.

Es normal y es humano.

Recuerda que todo es cambiante y efímero, y el objetivo es realmente hacerlo lo mejor que puedas con los medios de que dispones.

Así que no busques la perfección en lo que eres y lo que haces. Simplemente, sé tú.

Tienes derecho y te lo mereces. Te mando un beso,

Isa